Bien dormir, enfin !

Dr Damien Léger

Bien dormir, enfin !

FIRST
Editions

ISBN : 2-75400-265-0
ISBN 13 : 9-78-2-7540-0265-3
Dépôt légal : 3e trimestre 2006
Imprimé en Espagne
Conception couverture : Bleu T

Adaptation texte : Sophie Millot et Violaine Chatal

Conception graphique : Georges Brevière

Nous nous efforçons de publier des ouvrages qui correspondent à vos attentes et votre satisfaction est pour nous une priorité.
Alors, n'hésitez pas à nous faire part de vos commentaires à :

Éditions Générales First
27, rue Cassette, 75006 Paris
Tél : 01 45 49 60 00
Fax : 01 45 49 60 01
e-mail : firstinfo@efirst.com

Sommaire

Introduction

Dis-moi comment tu dors ?

Été comme hiver, autour de la machine à café, à l'usine comme au bureau, le sommeil est dans toutes les conversations.

Il existe trois profils de dormeurs. Pour certains, le sommeil est un vrai plaisir : ils posent la tête sur l'oreiller et dorment comme un bébé. Ces personnes récupèrent sans problème, dorment où elles veulent et quand elles veulent. Le sommeil est leur allié et elles font partie des bienheureux du sommeil.

Pour d'autres, au contraire, le sommeil est un vrai cauchemar : elles éprouvent des difficultés pour s'endormir, ne peuvent s'empêcher de réfléchir, se réveillent de multiples fois au cours de la nuit, et ouvrent les yeux le matin avec le sentiment d'être encore plus épuisées que la veille.

Lorsqu'on observe ces personnes, elles ont l'air fatiguées, leurs paupières sont lourdes et leur regard brillant. Un rien les irrite ou leur fait monter les larmes aux yeux. Ce sont les insomniaques chroniques.

Enfin, pour de nombreuses personnes, le sommeil n'est ni bon ni mauvais, mais il est fragile : une contrariété, un changement d'habitudes, une température un peu haute ou un peu basse, un bruit dans la rue, un enfant qui rentre tard et le sommeil en pâtit. Ces personnes appartiennent à la catégorie des mauvais dormeurs : elles sont à la recherche d'astuces ou de conseils pour mieux dormir.

Il est parfois difficile de savoir si on appartient à la catégorie des mauvais dormeurs ou des insomniaques chroniques. Les médecins, parfois eux-mêmes mauvais dormeurs, ne savent pas toujours où vous situer. Selon un sondage américain réalisé en 2000, 95 % des Américains auraient connu un problème de sommeil au moins une fois dans leur vie. Il s'agit donc d'un problème très fréquent. L'insomnie concerne quant à elle 15 à 20 % des adultes dans les pays occidentaux. Seules 50 % de ces personnes en parlent à leur médecin et moins d'un quart sont traitées pour ce problème.

Le sommeil préoccupe donc de très nombreuses personnes en France et un peu partout dans le monde, et la question « Dis-moi comment tu dors ? » devient une vraie question d'actualité.

Comment dort-on en France ?

Pour mieux connaître le sommeil des Français, les chercheurs mènent des études épidémiologiques portant sur un grand nombre de personnes représentatives de la population générale. En 2000, nous avons réalisé, en collaboration avec d'autres chercheurs ainsi que des statisticiens, une étude portant sur les troubles du sommeil et les conditions de sommeil des Français.

Dans le cadre de cette étude, 8 000 foyers habituellement contactés par la Sofres ont été interrogés sur leur sommeil et l'insomnie (Léger et col., « Prevalence of insomnia in a survey of 12 778 adults in France », J Sleep Res 2000 : 9 : 35-42). 12 778 adultes nous ont répondu dont 6 006 hommes et 6 772 femmes. Ces personnes devaient décrire leur sommeil et les difficultés rencontrées de la façon la plus complète qui soit et détailler les facteurs qui pouvaient les influencer : âge, sexe, activité professionnelle, situation familiale, nombre d'enfants, région habitée, etc.

Cette étude nous a montré que les Français sont très perturbés par leur sommeil. En effet, 73 % du groupe, soit l'équivalent de près de 30 millions de Français adultes, se plaignaient au moins d'un problème de sommeil au cours du mois de l'enquête : 57 % rencontraient des difficultés pour s'endormir, 53 % se réveillaient plusieurs fois dans la nuit et avaient du mal à se rendormir et 41 % souffraient d'un sommeil de trop courte durée.

Sont insomniaques les personnes qui rencontrent des troubles du sommeil au moins trois fois par semaine depuis un mois au minimum. Lors cette étude, nous nous sommes rendu compte que 29 % des sujets étaient concernés par ce trouble et que 19 % en souffraient dans leur vie quotidienne.

Enfin, les insomniaques sévères sont ceux qui présentent au moins deux troubles du sommeil plus de trois fois par semaine avec un impact notable sur la journée qui suit la nuit marquée par un mauvais sommeil. En fait, 9 % des Français interrogés se sentent concernés, soit près de 4 millions d'adultes.

Le sexe et l'âge ont-ils un impact sur le sommeil ?

Comme la plupart des études réalisées sur le sommeil, cette enquête a montré qu'à âge comparable, les femmes sont plus concernées par l'insomnie que les hommes. Les raisons évoquées, liées au cycle menstruel et à la ménopause, sont principalement hormonales. En outre, les femmes souffrent davantage des mauvaises nuits de leurs enfants que les hommes.

Le sommeil se dégrade, également, avec l'âge : cette étude a montré que les plus de 65 ans sont les plus nombreux à souffrir d'insomnie (20,4 %) et d'insomnie sévère (12,5 %). Il est aussi frappant de constater que les personnes présentant une insomnie sévère sont deux fois plus nombreuses dans la tranche d'âge des 25-34 ans (8 %) que dans la tranche d'âge des 18-24 ans (4 %). L'insomnie se développe donc assez tôt dans la vie et les jeunes adultes ne sont pas épargnés, en particulier durant les premières années de vie professionnelle.

Célibataire ou marié : qui dort le mieux ?

Ce sont les célibataires qui se plaignent le moins des troubles du sommeil et d'insomnie : seuls 5 % d'entre eux présentent une insomnie sévère. Les célibataires de moins de 40 ans trouvent ainsi le sommeil sans problème. Mais les célibataires de plus de 65 ans se plaignent de troubles du sommeil dans la même proportion que l'ensemble de la population. D'autre part, les personnes mariées ou vivant en concubinage sont celles qui semblent dormir le mieux.

À l'inverse, les divorcé(e)s et les veuf(ve)s sont les plus nombreux à se plaindre d'insomnie : 17 % des veuf(ve)s se plaignent d'insomnie sévère, les plus concernés étant les veuf(ve)s sans enfants. 34 % des veuf(ve)s se plaignent notamment de difficultés pour s'endormir.

La présence d'enfants à la maison semble exercer un effet bénéfique sur le sommeil puisque les personnes ayant un ou plusieurs enfants à la maison se plaignent moins de troubles du sommeil que les personnes qui n'ont pas d'enfants. Comment expliquer cette différence ? On dit souvent que les enfants perturbent durablement le sommeil de leurs parents, en particulier celui de leur mère. Certes, mais leur présence rassure leurs parents qui se plaignent dès lors moins de leur mauvais sommeil.

Les conditions de vie, le travail et le sommeil

L'environnement de vie et le travail jouent bien entendu un rôle important sur le sommeil. Pour mieux appréhender leur impact, nous avons réalisé avec la Caisse primaire d'assurance maladie de Paris (Dr Giordanella, Dr Emmanuelli) une étude sur le sommeil de 1 233 jeunes franciliens actifs dont l'âge moyen est de 37 ans. En moyenne, ces jeunes adultes dorment 7 heures pendant la semaine et 8 heures 20 minutes durant le week-end. Cependant, près de la moitié d'entre eux disent manquer de sommeil (49,8 %) et 36 % se plaignent d'insomnie.

Le bruit est considéré comme le premier perturbateur du sommeil. Près d'un tiers des sujets interrogés estiment ainsi que leur chambre est bruyante. Parmi les bruits évoqués : 52 % se plaignent de la rue, 49 % du voisinage, 46 % des transports routiers et 17 % des activités de leurs proches.

Dans le cadre de cette étude, nous n'avons trouvé aucun lien entre le sommeil et les conditions de logement.

Les personnes qui vivent en appartement ne se plaignent, en effet, pas plus que celles qui vivent en maison individuelle et celles qui vivent dans moins de 70 mètres carrés, pas plus que celles qui vivent dans des lieux plus grands.

Par contre près de 52 % des insomniaques ont la télévision dans leur chambre contre seulement 44 % des bons dormeurs.

L'influence du travail sur le sommeil est, pour sa part, démontrée depuis longtemps. Nous connaissons tous le cycle métro-boulot-dodo et les relations entre boulot et dodo ont fait l'objet de nombreuses études. Les horaires de travail sont bien entendu les premiers en cause. Près d'un travailleur salarié sur quatre travaille en effet de nuit ou de façon décalée. En moyenne, ces salariés dorment une à deux heures de moins que les travailleurs de jour. Les conditions de travail, le rythme pratiqué, les relations professionnelles, l'exposition au bruit et le décalage des horaires influencent donc la qualité du sommeil.

Cependant dans l'étude réalisée dans la population française, nous n'avons pas retrouvé de différence entre cadres et employés, ouvriers et agriculteurs concernant l'insomnie en dehors des insomnies liées au sexe et à l'âge.

Dort-on mieux en France ou ailleurs dans le monde ?

En 2004, nous avons participé à une étude sur le sommeil, réalisée dans vingt-sept pays et auprès de 13 657 adultes. En moyenne, ces sujets dormaient 7 heures et 6 minutes par nuit. Les pays où les habitants dormaient le plus étaient les Pays-Bas (7 heures 53 minutes) et la Pologne (7 heures 52 minutes), et ceux où les habitants dormaient le moins, la Malaisie (6 heures 36 minutes) et les États-Unis (6 heures 48 minutes). La France se situait dans la moyenne avec des nuits de 7 heures et 6 minutes.

En général et partout dans le monde, les personnes ont tendance à dormir plutôt moins qu'il y a cinq ans : 35 % pensent dormir moins, 14 % davantage et 51 % autant. En Malaisie et en Espagne, presque la moitié de la population dort moins qu'il y a cinq ans. En France, 44 % des personnes interrogées dorment moins qu'il y a cinq ans.

De façon générale, les personnes dorment donc moins qu'avant. Le sommeil est grignoté année après année par la télévision, Internet, les transports, les loisirs et le travail. Pourtant, il est indispensable à la santé et à la vie. Le nombre d'heures passées devant la télévision est de 4 à 6 heures par jour dans les pays occidentaux et d'une heure et demie dans les transports en région parisienne. Le sommeil s'en trouve dramatiquement diminué.

Pour résumer

De très nombreux Français se plaignent de leur sommeil et près d'un quart d'entre eux souffrent d'insomnie : on peut donc véritablement parler de fléau.

De plus, la plupart des personnes concernées par ces troubles ne trouvent pas de solution et ont l'impression d'être seules face à ce problème.

Une bonne qualité de sommeil est pourtant indispensable pour faire face à des journées souvent chargées.

Le plus souvent, ces personnes s'entendent répondre par leur entourage qu'elles ne sont pas les seules à passer de mauvaises nuits et qu'elles ne peuvent rien y faire.

Nous pensons au contraire qu'elles doivent en parler, à leur médecin et à leurs proches. Pour ce faire, elles doivent pouvoir analyser leur sommeil objectivement.

Chapitre 1

CONNAÎTRE SON SOMMEIL

•

Comment se déroule une nuit de sommeil

Riche ou pauvre, bébé ou vieillard, hommes et femmes de tous les continents… Partout chacun cherche sa couche, son matelas, sa natte pour se laisser aller au sommeil. Dans ce monde agité et marqué par la quête du pouvoir, il est fascinant de constater que le pouvoir de nous contrôler nous échappe (non sans résistance parfois) au moins une fois par 24 heures et qu'une force implacable nous oblige à nous allonger et à dormir.

Le sommeil a donc une puissance physiologique universelle et se déroule au cours de la nuit à peu près de la même façon pour tous. La mise au repos de notre corps semble indispensable à sa survie et le sommeil s'accompagne de la modification des rythmes de fonctionnement de presque tous les organes de notre corps.

Le sommeil ne concerne pas que les hommes, mais la totalité des espèces animales et une grande partie du monde végétal. Bien souvent en dépit de la lumière et de l'obscurité, chaque nuit, le sommeil vient. On distingue trois états physiologiques différents : le sommeil lent, le sommeil paradoxal et l'éveil.

Nous connaissons ces états de sommeil grâce à l'enregistrement encéphalographique, c'est-à-dire au recueil des activités électriques provenant de notre cerveau. Lors de cet enregistrement, on colle sur le cuir chevelu une série de petites cupules sensibles à de très faibles dépolarisations électriques provenant des cellules cérébrales. Ces dernières nous renseignent sur l'activité cérébrale.

Le sommeil lent

Le sommeil lent est, comme son nom l'indique, caractérisé par un ralentissement progressif de l'activité du cerveau. Peu à peu, le cerveau ralentit et met en veilleuse ses capacités de la journée (mémoire, réflexion, affects, imagination). Plus le cerveau est ralenti, plus on parle de sommeil profond en passant par 4 stades successifs correspondant à des activités cérébrales différentes : les stades 1 et 2 de sommeil lent dit léger, puis les stades 3 et 4 de sommeil à ondes lentes ou sommeil profond.

Le sommeil lent léger est en réalité une transition entre l'éveil et le sommeil profond : on parle de stade 1 pour décrire ce passage. Le cerveau ralentit discrètement, mais il suffit d'un bruit ou d'une stimulation faible pour le réveiller. Les muscles restent un peu tendus, les yeux se ferment, quelques images oniriques se forment puis on passe en stade 2.

Le stade 2 est encore un sommeil léger mais plus stable et plus difficile à perturber. Le cerveau fonctionne au ralenti et quelques ondes caractéristiques apparaissent sur l'électroencéphalogramme : les complexes K et les « fuseaux ». Les complexes K sont de grandes ondes isolées et biphasiques qui montrent que le cerveau est en train de changer de fonctionnement. Quant aux « fuseaux », ce sont de courts moments d'accélération synchrone du rythme cérébral. Lors du stade 2, les muscles se détendent très légèrement mais restent assez toniques, les paupières sont fermées et présentent moins de mouvements oculaires.

Le sommeil léger représente la grande partie du sommeil : environ 50 % de la nuit. Il est reposant mais pas complètement récupérateur. On pense qu'il permet de préparer le cerveau aux phases de grande récupération que sont le sommeil lent profond et le sommeil paradoxal.

C'est aussi pendant le sommeil léger que se produisent la plupart des siestes volontaires ou des phases de somnolence involontaire (dans les transports ou devant la télévision).

Le sommeil lent profond est l'un des sommeils les plus récupérateurs. Il se compose des stades 3 et 4 caractérisés par la présence de grandes ondes lentes, diffuses, qui traduisent un ralentissement profond du cerveau. Au cours du stade 3, entre 20 et 50 % d'ondes lentes apparaissent sur le tracé de l'encéphalogramme et au cours du stade 4, plus de 50 %. Il est très difficile de réveiller un dormeur en sommeil profond : il faut parfois le secouer, ou faire beaucoup de bruit, ou le réveiller brutalement. Quand il émerge enfin, le dormeur est souvent confus pendant quelques minutes et parfois de très mauvaise humeur.

Pendant le sommeil lent profond, les yeux ne bougent presque plus ou font des mouvements lents. Les muscles sont très détendus. Ce sommeil survient surtout durant la première partie de la nuit. Les siestes un peu trop prolongées peuvent aussi se composer de phases de sommeil lent profond, ce qui explique pourquoi elles sont considérées comme plus fatigantes que reposantes.

Le sommeil lent profond est sans doute le plus utile pour éliminer la fatigue physique : il favorise la restauration des muscles et des réserves métaboliques de l'organisme, équilibre la température de notre corps, renforce nos défenses contre les infections ou les anomalies immunitaires et contrôle la croissance ainsi que de nombreuses sécrétions hormonales. C'est le sommeil de l'énergie.

Le sommeil lent profond représente en général 20 à 25 % du temps de sommeil total.

Le sommeil paradoxal

Le sommeil paradoxal est « paradoxalement » un stade de sommeil pendant lequel le cerveau est très actif. C'est en effet durant cette phase de sommeil que se produisent 90 % des rêves. Lors de l'enregistrement électroencéphalographique, le cerveau a l'air de se réveiller du sommeil lent profond, le rythme est actif et régulier, la respiration et le cœur s'accélèrent. Pourtant le sujet est bien endormi. Ses muscles sont complètement atoniques, il ne peut plus bouger et est comme paralysé. Un phénomène très étrange se produit au niveau des yeux : les globes oculaires sont secoués par des mouvements rapides et symétriques. C'est pourquoi ce sommeil est nommé en anglais le sommeil à mouvements oculaires rapides ou « Rapid Eye Movement Sleep » ou encore le « REM Sleep ».

Ce stade est vraiment différent du sommeil lent. On pense qu'il est particulièrement important pour la mémoire, le classement des idées, l'équilibre psychologique et la lutte contre le stress.

En effet, les personnes qui souffrent d'une dépression sévère présentent souvent des anomalies du sommeil paradoxal. Les traitements antidépresseurs agissent, en effet, sur ce dernier. Des expériences ont aussi montré qu'une surcharge de stress dans la journée augmente la proportion de sommeil paradoxal et que les animaux privés de sommeil paradoxal sont plus anxieux que les autres.

Pendant le sommeil, nous rêvons plusieurs centaines voire plusieurs milliers de fois. Les rêves jouent sans doute un rôle important dans l'équilibre psychologique. La plupart des personnes ne se souviennent pas de leurs rêves ce qui est tout à fait normal. En effet, pour se souvenir d'un rêve, il faut être éveillé et mettre sa mémoire en route.

Or, comme les rêves ont lieu au cours du sommeil, la plupart d'entre nous se rendorment et nous n'avons pas le temps de mémoriser ce qui vient de se passer. Les cauchemars, qui sont des rêves angoissants ou tristes, sont parfois plus faciles à mémoriser car ils provoquent des réveils qui peuvent être plus prolongés.

Le sommeil paradoxal représente 20 à 25 % d'une nuit de sommeil et est plus fréquent en deuxième partie de la nuit et même au petit matin. C'est pourquoi nous nous souvenons plus facilement des rêves du matin…

L'éveil

L'éveil fait partie de manière tout à fait naturelle de notre sommeil. Pour la plupart des gens, le sommeil ne représente pas un grand vide entre l'extinction des lampes et la sonnerie du réveille-matin.

La période qui précède l'endormissement et durant laquelle nous cherchons le sommeil s'appelle la latence d'endormissement. Il est normal de mettre moins de 30 minutes pour s'endormir, mais pour certains la latence d'endormissement dure une heure voire plus.

Certaines personnes se réveillent également

au cours de la nuit. Il est tout à fait normal de se réveiller plusieurs fois par nuit, mais le sommeil doit revenir en quelques minutes. Ce nombre d'éveils augmente avec l'âge et le temps d'éveil au cours du sommeil également.

En moyenne les adultes restent éveillés durant 10 % de leur temps passé au lit ce qui représente 45 minutes d'une nuit de 8 heures.

On ne se souvient pas toujours de ses réveils car la mémoire ne se met pas en route. D'autre part, la perception des éveils est très différente d'un sujet à l'autre.

Par exemple, certaines personnes anxieuses ne supportent pas de se réveiller pendant quelques minutes et vont immédiatement prendre ou reprendre un somnifère. D'autres personnes ne vont même pas percevoir ce réveil car elles se sentent bien et vont se rendormir tranquillement. D'autres enfin vont aller aux toilettes ou boire un verre d'eau et ainsi se rendormir confortées par leur habitude.

L'éveil au cours de la nuit dépend du temps passé au lit. Plus on reste au lit longtemps, plus on a tendance à se réveiller au cours de la nuit. Une des méthodes pour améliorer la qualité du sommeil et diminuer l'éveil au cours de la nuit consiste donc à diminuer le temps passé au lit...

Les cycles du sommeil au cours de la nuit

Une nuit de sommeil est composée en moyenne de quatre à six cycles. Ils durent en moyenne 1 à 2 heures et se répètent régulièrement d'une nuit à l'autre. Un cycle débute par du sommeil léger, suivi par du sommeil lent profond et se termine par du sommeil paradoxal.

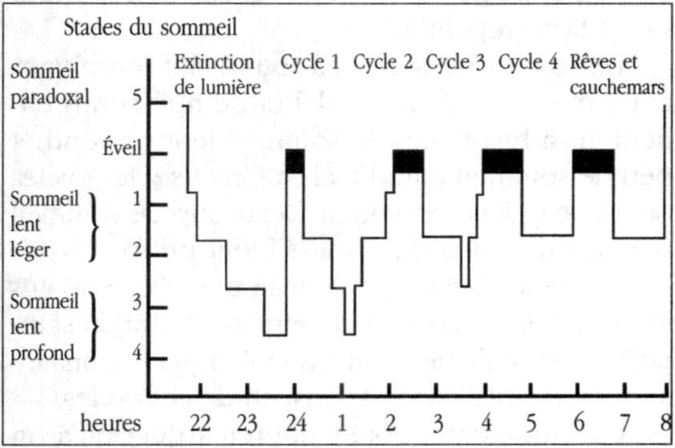

Architecture d'un sommeil d'adulte

À la fin de chaque cycle se produit un bref éveil plus ou moins conscient, puis le processus reprend. C'est pour cette raison que l'on parle d'un petit train du sommeil composé de plusieurs wagons pour décrire une nuit de sommeil. Les spécialistes parlent d'hypnogramme (voir schéma page 27).

L'éveil est représenté en haut, et plus on descend sur le graphique, plus le sommeil devient lent et profond. Le sommeil paradoxal est représenté de façon intermédiaire entre sommeil lent et éveil et d'une autre couleur pour bien montrer sa cyclicité répétitive.

Les cycles ne sont pas tout à fait identiques entre eux. Les cycles de début de nuit comprennent ainsi beaucoup de sommeil lent profond et peu de sommeil paradoxal. À l'inverse, les cycles de fin de nuit comprennent beaucoup de sommeil paradoxal et peu de sommeil lent profond.

La seule façon de connaître réellement ces cycles est de procéder à un enregistrement du sommeil. C'est seulement ainsi que l'on peut connaître le nombre et la durée de chacun de ces cycles.

Chacun d'entre nous peut remarquer qu'à un certain moment de la soirée, il est plus facilement sujet à l'endormissement. Soyez attentif : il est

23 heures, vous venez de relire pour la cinquième fois la même page de journal, vos paupières tombent et le livre tombe de vos mains. Le marchand de sable passe et c'est le début d'un de vos cycles. Veillez à ne pas le laisser passer car à 23 h 30, vous serez en pleine forme et vous n'aurez plus du tout envie de dormir. Apprenez à reconnaître ces périodes seul ou avec l'aide de vos proches. Ainsi, vous pourrez repérer facilement vos « portes de sommeil » qui correspondent au début de vos cycles.

Le matin aussi, vous pouvez repérer la fin de ces cycles. Ainsi, certains jours, vous vous réveillez bien avant l'heure prévue et en pleine forme. N'oubliez pas de noter cette heure car vous êtes peut-être en fin de cycle. Vous tentez de rester un peu au lit et 30 minutes plus tard le réveil vous surprend en pleine torpeur ? Vous êtes sans doute en plein cycle.

L'évolution du sommeil avec l'âge

Le sommeil n'est pas identique tout au long de la vie. Si les cycles et les stades de sommeil demeurent les mêmes avec les années, leur durée et leur qualité varient.

Comment savoir si **le fœtus** dort ? Il est bien entendu impossible de poser des électrodes pour enregistrer son sommeil. Certains bébés sont calmes et d'autres sont agités. Ces mouvements peuvent se produire pendant le sommeil de maman, ce qui ne le rend pas très paisible. On pense cependant, qu'à partir de huit mois de grossesse, le rythme du fœtus devient identique à celui du nourrisson.

Le nourrisson passe les trois quarts de sa journée, soit 18 à 20 heures, à dormir, son sommeil étant réglé par sa faim. Il ne connaît pas encore, et ce jusqu'à 3 mois, les stades classiques du sommeil mais plutôt une alternance de sommeil calme (équivalent du sommeil lent) et de sommeil agité (équivalent du sommeil paradoxal). Ce dernier est amusant à observer : les yeux du bébé semblent éveillés car ils bougent comme lors du sommeil paradoxal. Certaines mères un peu inquiètes croient que leur enfant est réveillé par le moindre bruit alors qu'il dort. Ce sommeil semble indispensable au développement du système nerveux chez l'enfant.

Avant 3 mois, le bébé n'arrive pas à se repérer dans le temps et il est donc inutile d'être trop strict en ce qui concerne les horaires de sommeil. On peut cependant le stimuler dans la journée, en ne l'isolant pas trop du bruit et de la lumière et éviter au contraire toute stimulation le soir ou la nuit. À partir de 3 mois, vous pouvez être un peu plus strict concernant les horaires et mieux marquer le rythme jour-nuit, mais le besoin de sommeil demeure important, de 15 à 18 heures. Entre **6 et 12 mois,** le sommeil devient essentiellement nocturne, avec plusieurs siestes pendant la journée.

Chez l'enfant, les habitudes de sommeil sont déterminantes pour la vie entière. L'enjeu est donc important et il n'est pas toujours facile de jongler entre les habitudes du père, de la mère, les recommandations des grands-parents, des nounous ou du personnel de la crèche.

Plusieurs éléments peuvent nous aider à y voir plus clair :

- Chaque enfant est unique et il ne faut donc pas être trop strict concernant les règles de sommeil qui sont difficilement applicables à tout le monde. Les enfants sont déjà du soir ou du matin. Ils sont aussi des petits ou des grands dormeurs. Dix heures sont cependant nécessaires par nuit jusqu'à 10-12 ans.

- La régularité des horaires de coucher et de lever est indispensable à un bon sommeil. Une fois les horaires choisis, il faut les respecter au mieux. Le passage de l'éveil au sommeil doit être progressif. Il faut donc comme chez l'adulte éviter de trop stimuler les enfants dans la soirée.
- Apaisants, les rituels permettent de trouver le sommeil. N'hésitez pas à adopter le même rituel chaque soir pour préparer le sommeil et l'endormissement même s'il vous semble monotone. Le doudou fait bien entendu partie de ces rituels rassurants tout comme le lavage des dents, les histoires racontées avant de dormir ou les baisers.
- N'intervenez pas si votre enfant pleure ou s'il vous appelle et laissez passer quelques minutes. On s'endort toujours seul et il faut laisser votre enfant trouver lui-même ses repères pour s'endormir. L'aider à s'endormir en lui donnant la main, en le mettant dans votre lit, ou en lui donnant un verre d'eau ou une confiserie ne peut qu'accentuer ses problèmes de sommeil.
- Une règle d'or : votre enfant doit respecter lui aussi votre sommeil dès qu'il est en âge de comprendre (2 à 3 ans).

Le sommeil de l'enfant est très riche en sommeil lent profond (30 à 40 %). C'est pendant ce sommeil qu'est sécrétée l'hormone de croissance. C'est également pendant ce cycle de sommeil que se produisent le somnambulisme, l'énurésie, ou les terreurs nocturnes assez fréquentes et banales chez l'enfant et qui disparaissent en général à l'adolescence.

Le sommeil de **l'adolescent** reflète en général son mode de vie. Il demeure un besoin important pour la croissance et l'équilibre psychologique. En moyenne 8 heures de sommeil sont essentielles jusqu'à l'âge adulte.

Les adolescents ont généralement deux habitudes qui ne facilitent pas un bon sommeil :

- Ils ont d'une part tendance à se coucher de plus en plus tard, en particulier le week-end. Ils ont en effet besoin s'isoler le soir et de communiquer par Internet ou grâce au téléphone portable.
- D'autre part, ils récupèrent pendant le week-end grâce à une bonne élasticité de leur sommeil.

Les adolescents cumulent donc au cours de la semaine une dette chronique de sommeil qu'ils récupèrent en grande partie le week-end en se levant plus tard.

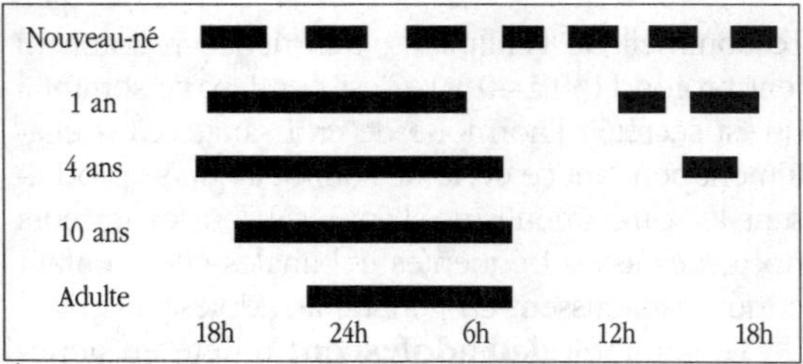

Évolution et répartition du temps de sommeil avec l'âge

Cependant de nombreux adolescents demeurent sévèrement privés de sommeil ce qui a un impact sur leurs performances scolaires. D'autre part, ils sont davantage concernés par le risque accidentel d'endormissement au volant.

Comment discuter du sommeil avec un adolescent ? Cela ne doit pas devenir un sujet de conflit, mais vous pouvez vous servir d'outils comme l'agenda du sommeil pour évaluer le temps de sommeil au cours de la semaine et tenter de récupérer au moins 8 heures par 24 heures durant les périodes scolaires et plus encore pendant les vacances.

Les adultes ont souvent des rythmes bien marqués mais leur caractère « soir » ou « matin », petit ou grand dormeur est parfois en conflit avec leur mode de vie :

- Tout d'abord, leur conjoint n'a souvent pas les mêmes horaires. De nombreux couples essaient à tout prix de se coucher et de se lever à la même heure alors qu'ils sont fondamentalement différents. Respecter l'autre, c'est aussi le laisser dormir quand il le souhaite et sans trop le déranger. Ce respect des rythmes de l'autre permettrait d'éviter de nombreuses fausses insomnies ! Certaines personnes tentent, en effet, désespérément de se coucher à 22 heures alors que le sommeil ne survient naturellement chez elle qu'à minuit.
- D'autre part, les adultes doivent conduire leurs enfants petits ou grands le matin à l'école ou les écouter le soir.
- Enfin, le temps passé dans les transports en commun est d'une heure et demie par jour en région Île-de-France.

Le sommeil de la **personne âgée** se caractérise par plusieurs évolutions :

- D'une part, par une modification de l'horloge biologique avec une tendance à se coucher et à se réveiller plus tôt. De nombreuses personnes âgées se plaignent en effet de ne plus « tenir » le soir devant la télévision et de se réveiller trop tôt le matin sans pouvoir faire la grasse matinée.
- D'autre part, par une diminution de la qualité du sommeil. Le sommeil profond est moins dense, les réveils plus nombreux, le sommeil plus léger, plus sensible aux bruits et à l'environnement.
- Enfin, des maladies ou symptômes comme les douleurs, les problèmes respiratoires, neurologiques ou cardiaques, peuvent avoir un impact sur le sommeil. De nombreux médicaments perturbent également la qualité de nos nuits.

Cependant, de nombreux seniors dorment mieux depuis la retraite. Ils ne sont pas obligés de se lever à heure fixe le matin, peuvent récupérer comme ils le souhaitent, choisir leurs horaires et faire la sieste : autant de facteurs positifs pour retrouver un sommeil de meilleure qualité.

CHAPITRE 2

LES MALADIES DU SOMMEIL

•

Les troubles du sommeil sont très fréquents mais peu connus à la fois des médecins et du grand public. En effet jusqu'au début des années 2000, les médecins ne recevaient qu'une demi-heure de formation sur le sommeil sur leurs dix années d'études. Les explorations du sommeil qui sont maintenant bien établies dans quelques centres hospitaliers étaient presque ignorées par les praticiens. Aussi les malades ne parvenaient pas à faire soigner ces troubles pourtant très handicapants dans la vie quotidienne.

Depuis peu, les choses évoluent. Il y a un enseignement national de médecine du sommeil. Les actes d'exploration sont reconnus par la Sécurité sociale et le grand public est mieux informé des moyens d'exploration du sommeil accessibles aux malades.

Parmi les troubles du sommeil les plus fréquents, on relève l'insomnie, les apnées du sommeil et aussi les hypersomnies. Sans les étudier en détail, nous tâcherons de décrire les plus fréquents et de donner les moyens pratiques d'exploration accessibles sur prescription de votre médecin et de traitements.

Apnée du sommeil

On appelle apnée du sommeil une interruption de la respiration pendant au moins 10 secondes, survenant au cours du sommeil. Au cours de la nuit, la respiration est automatique et en général plus lente que pendant la journée. Il n'y a donc aucun effort de volonté pour respirer. C'est pourquoi l'arrêt de la respiration, même bref, peut être inquiétant pour les proches et dénote une anomalie des circuits de fonctionnement respiratoires.

La plupart des apnées sont liées à un obstacle sur les voies hautes de la respiration au niveau nasal ou du pharynx (l'arrière-gorge entre les fosses nasales et la cavité buccale). Cet obstacle peut être lié à l'anatomie : une grosse langue, un voile du palais trop long et plongeant, un palais ogival, une déviation de la cloison nasale. On parle alors d'apnées obstructives. Les apnées sont presque toujours précédées par des ronflements qui traduisent cette obstruction des voies respiratoires.

En raison de l'arrêt de la respiration, les muscles du thorax et de l'abdomen se contractent pour essayer de passer l'obstacle et l'on entend alors un grand bruit expiratoire qui traduit la reprise de la respiration.

La présence de quelques apnées au cours de la nuit n'est pas du tout inquiétante et très banale. C'est la répétition fréquente de ces apnées ou syndrome d'apnées du sommeil qui peut avoir des conséquences sévères sur l'organisme.

Apnées du sommeil (syndrome d')

On parle de syndrome d'apnées du sommeil (SAS), lorsque le nombre d'apnées est supérieur à dix par heure de sommeil. Chaque apnée s'accompagne d'une baisse de l'oxygène dans le sang, généralement suivie d'une augmentation de la fréquence cardiaque (tachycardie), d'une augmentation de la tension artérielle, et d'un microréveil. On comprend donc pourquoi le syndrome d'apnées du sommeil est si perturbateur. Les signes permettant de reconnaître le SAS sont :

- Le ronflement sonore et ancien. Tous les apnéiques sont ronfleurs, mais tous les ronfleurs n'ont pas de syndrome d'apnées du sommeil. Il est très difficile de savoir par soi-même si on ronfle.

Cependant, il ne faut pas toujours éluder quand les autres se plaignent de votre ronflement. Beaucoup de ronfleurs ont tendance à minimiser leur ronflement et à ne s'en occuper que très tard au moment où survient le SAS.

- Une somnolence pendant la journée avec une tendance à s'endormir très facilement dans les situations monotones : dans les transports ou devant la télévision. Progressivement cette somnolence devient plus importante et peut survenir dans des conditions inappropriées en réunion, au cours d'un déjeuner entre amis, systématiquement en lisant ou bien au volant. Ronflement et endormissement au volant, ne serait-ce qu'une fois, doivent vous faire consulter votre médecin. Le risque d'accident de la route est multiplié par sept chez un apnéique.
- Un sommeil non récupérateur. Le sujet apnéique n'a pas de problème pour s'endormir, ni pour dormir, mais le matin il ne se sent pas reposé. Il sent que son sommeil n'est pas récupérateur.

D'autres signes accompagnent souvent mais pas automatiquement le syndrome d'apnées du sommeil :

- des apnées constatées par le conjoint. Parfois le conjoint perçoit nettement au cours de la nuit le ronflement qui s'interrompt pendant quelques secondes puis la respiration qui reprend bruyamment. C'est elle ou lui qui pousse son conjoint à consulter ;
- des maux de tête matinaux ;
- des troubles de la mémoire, de l'attention, de la concentration ;
- des troubles de la libido ;
- une tristesse, un désintéressement par rapport au quotidien.

Il n'est pas rare de rencontrer des sujets avec près de cent apnées par heure de sommeil, mais dans la population générale, il est plus fréquent de trouver des patients avec dix à trente apnées par heure. On estime que 5 à 10 % des adultes auraient un syndrome d'apnées du sommeil. Mais dans certains groupes, notamment les diabétiques, les obèses, les hypertendus, ce sont 30 à 50 % des patients qui sont apnéiques. S'il y a beaucoup d'apnées, ou pour débuter un traitement prolongé, on conseille ensuite une polysomnographie avec analyse complète du sommeil.

Le traitement du syndrome d'apnées du sommeil repose sur la ventilation nocturne en pression positive continue (PPC) par voie nasale qui est actuellement le traitement de référence dans le SAS. Il s'agit d'un respirateur avec un masque nasal qui envoie de l'air sous pression s'opposant à la fermeture des voies aériennes et réduisant ainsi le nombre d'apnées. Cet appareil est fourni par des sociétés d'assistance respiratoire qui vous aident à bien le mettre et le tolérer au cours de la nuit. L'effet de ce traitement est très positif sur la fatigue et la récupération du sommeil et aide les patients à tolérer le désagrément d'être ainsi équipés d'un respirateur au cours de la nuit. Les équipements les plus récents ne sont pas bruyants, peuvent être emportés en voyage et sont équipés d'humidificateurs et de masques souples.

Parmi les autres traitements du syndrome d'apnées proposés :

- les prothèses amovibles d'avancée mandibulaire sont des appareils moulés sur les dents et qui permettent d'avancer la mâchoire inférieure au cours de la nuit diminuant ainsi ronflements et apnées. Elles sont proposées dans les petits syndromes d'apnées du sommeil ;

- Plus rarement, le traitement peut être chirurgical par chirurgie du nez et du voile du palais soit par méthode classique, soit par laser. Ce traitement est souvent très douloureux et n'est réservé qu'au syndrome d'apnées du sommeil modérées. Quelques très rares chirurgiens spécialisés dans le monde traitent cependant des syndromes d'apnées sévères avec succès.

La prise en charge des apnées, c'est aussi une affaire de famille. Souvent les patients hésitent à suivre leur traitement par peur de déplaire à leur conjoint. Il faut savoir en discuter en couple, en famille, dédramatiser et rassurer. C'est souvent mieux d'avoir la machine que d'entendre un ronflement sonore et des arrêts de la respiration inquiétants.

Et les médicaments ? Actuellement aucun médicament ne peut guérir les apnées du sommeil, mais de nombreux chercheurs tentent de connaître la molécule miracle qui sera le traitement de l'avenir.

Et la perte de poids ? Oui, la perte de poids permet une certaine amélioration des apnées, mais ne permet pas toujours de guérir le syndrome d'apnées du sommeil.

La somnolence est-elle améliorée par le traitement ? En général oui, mais parfois des difficultés persistent nécessitant un traitement éveillant.

Bruxisme

On appelle bruxisme les grincements des dents au cours de la nuit.

Souvent constaté par le dentiste qui vous signale des dents anormalement usées, le bruxisme est lié à la contraction rythmique des muscles de la mastication durant le sommeil, généralement sans que le sujet en ait conscience.

Le bruit est bien sûr désagréable pour le conjoint, et le patient peut aussi souffrir de douleurs des articulations mandibulaires, de maux de tête ou même d'insomnies.

Le traitement proposé par les dentistes consiste en une gouttière protectrice moulée sur vos dents et que l'on porte uniquement la nuit.

Cauchemar

Le cauchemar est simplement un mauvais rêve. Nous avons probablement plusieurs centaines de rêves par nuit, principalement au cours du sommeil paradoxal. Certains de ces rêves sont particulièrement inquiétants, angoissants, ce sont les cauchemars. Ils peuvent être suffisamment perturbants pour nous réveiller.

Il n'y a donc pas lieu de s'inquiéter d'un cauchemar. Les rêves comme les cauchemars ont leur utilité et signifient que le cerveau travaille pendant notre nuit pour contribuer au bon équilibre psychologique.

La répétition de cauchemars est cependant souvent révélatrice d'une période de stress et d'anxiété plus ou moins consciente.

La fièvre, la prise de médicaments psychotropes, les décalages horaires peuvent aussi favoriser la survenue de cauchemars.

Énurésie nocturne

L'énurésie nocturne est une émission involontaire d'urine, inconsciente et répétée. Elle est très banale chez l'enfant d'âge préscolaire au moment de l'apprentissage de la propreté.

Chez les enfants d'âge scolaire, elle touche un enfant sur dix, et deux fois plus les garçons que les filles. Un bilan psychologique est souvent nécessaire à la recherche d'anxiété, de difficultés à l'école ou dans la famille si l'énurésie dure plus de quelques mois.

Chez l'adulte, l'énurésie est beaucoup plus rare et touche plutôt les femmes. Un bilan urologique vésical est alors nécessaire.

Horloge biologique (les troubles de l')

Nous avons dans notre cerveau une horloge biologique réglée sur 24 heures qui gouverne nos rythmes veille-sommeil mais aussi de très nombreux autres rythmes de notre organisme appelés rythmes circadiens (du latin : *circa* = autour, *diem* = d'un jour). Ce sont :

- le rythme de la température interne ;
- le rythme cardiaque et respiratoire ;
- de nombreux rythmes hormonaux : le cortisol, la mélatonine, l'hormone de croissance.

Pour la plupart, cette horloge est bien réglée sur 24 heures. Pour d'autres, l'horloge peut être déréglée, soit en raison d'habitudes de vie ou de travail, soit par dérèglement interne ou désynchronisation.

Parmi les différents troubles de l'horloge biologique on trouve :

- Le syndrome d'avance de phase se caractérise

par un besoin irrésistible de sommeil tôt dans la soirée, vers 20 heures ou 21 heures, associé à un réveil tôt le matin (parfois vers 4 à 5 heures), avec impossibilité de se rendormir. C'est un dérèglement interne de l'horloge, fréquent chez les personnes âgées.

- Le syndrome de retard de phase est aussi un dérèglement interne mais inverse. La personne est très en forme le soir et a de grandes difficultés à s'endormir avec parfois un sommeil qui ne vient pas avant 1 ou 2 heures du matin. Le réveil est aussi très difficile avec de grandes difficultés à se réveiller le week-end ou pendant les vacances. Le retard de phase est très fréquent chez les adolescents et les jeunes adultes.
- Le jet lag ou syndrome du décalage horaire : suite à un voyage avec changement de fuseaux horaires, le sommeil et les rythmes sont perturbés. L'horloge finit par s'adapter au nouvel horaire, mais il lui faut en moyenne un jour par heure de décalage pour se repositionner normalement (exemple six jours pour un décalage de six heures entre l'Europe et la côte Est des États-Unis). Le décalage vers l'ouest est plus facile à tolérer que le décalage vers l'est.

- Le travail de nuit et travail à horaires décalés (les 3x8) : il est aussi perturbateur de l'horloge biologique. Les travailleurs de nuit dorment en moyenne une à deux heures de moins que les travailleurs de jour. Ils ont des difficultés d'endormissement et un sommeil de trop courte durée.
- Les rythmes en libre cours : l'horloge biologique est très influencée par la lumière. Les non-voyants qui ne voient pas la lumière présentent donc parfois des dérèglements sévères de l'horloge avec ces rythmes de sommeil en libre cours. Le sommeil ne survient pas régulièrement dans la journée avec une alternance de nuits d'insomnies, de bonnes nuits et d'épisodes de somnolence sévère dans la journée.

Hypersomnies

Les hypersomnies sont une famille de maladies du sommeil caractérisées par un besoin excessif de sommeil. Une nuit de sommeil de longueur normale est insuffisante pour les reposer et les patients présentent des épisodes de somnolence involontaire au cours de la journée.

Les hypersomnies sont souvent difficiles et

longues à diagnostiquer car on les confond avec de la fatigue ou de la dépression.

Pour évaluer l'importance de la somnolence, on effectue des tests d'endormissement :

À cinq reprises dans la journée, la personne est allongée dans un lit, lumières éteintes et on lui demande de se laisser aller au sommeil. Un enregistrement polysomnographique du sommeil est réalisé en continu. On mesure alors en combien de temps le sujet s'endort.

La plupart des adultes s'endorment au cours de la journée, mais les hypersomniaques s'endorment de manière pathologique presque à chaque test et de manière plus ou moins consciente. Si la latence moyenne d'endormissement à ces tests est inférieure à 10 minutes, on parle d'hypersomnie. Certains patients s'endorment à chaque fois en quelques secondes.

Parmi les causes d'hypersomnie, on retrouve :

- Les hypersomnies liées à une maladie organique neurologique, endocrinienne, infectieuse, neurologique, post-traumatique ou métabolique.
- Les hypersomnies induites par :

- une insuffisance de sommeil : dette chronique de sommeil ;
- le travail de nuit ou le travail à horaires décalés ;
- certains médicaments ou l'alcool.

- Les hypersomnies liées à un trouble de l'horloge biologique.
- Les hypersomnies primaires dont la narcolepsie, le syndrome de Kleine Levin et l'hypersomnie idiopathique.

Le traitement des hypersomnies repose sur le respect d'une bonne hygiène de sommeil avec un minimum d'au moins 10 heures de sommeil par 24 heures et des médicaments éveillants.

Insomnie

On parle d'insomnie devant des troubles du sommeil de type :

- troubles de l'endormissement : mettre plus de 30 minutes pour s'endormir ;
- réveils nocturnes au cours de la nuit : au moins deux éveils par nuit avec difficultés pour se rendormir ;
- réveil trop précoce : se réveiller au moins une heure avant l'heure choisie avec impossibilité

de se rendormir ;
- sommeil non récupérateur.

Ces troubles survenant fréquemment (au moins trois fois par semaine) depuis au moins un mois et avec conséquences sur la journée du lendemain de type :
- fatigue ;
- troubles de concentration, de l'attention ;
- irritabilité, nervosité ;
- difficultés professionnelles ;
- difficultés à effectuer les tâches quotidiennes.

Près de 20 % des Français adultes sont insomniaques et 10 % prennent régulièrement un somnifère.

Devant une insomnie qui se prolonge, il faut toujours rechercher une cause avant de démarrer un traitement, parmi les causes les plus fréquentes :
- Les insomnies réactionnelles, transitoires, liées à un événement de vie difficile : deuil, maladie, surmenage, stress professionnel, mauvaise hygiène de vie. Ces insomnies durent quelques jours à quelques semaines et guérissent spontanément, mais elles doivent être prises en compte car si elles sont répétées, elles peuvent

mener à l'insomnie chronique.

- Les insomnies organiques, liées à un trouble neurologique (maladie de Parkinson ou d'Alzheimer...), à une douleur rhumatologique, à des problèmes endocriniens (thyroïde, diabète), à des troubles respiratoires (asthme, bronchite chronique) ou cardiaques (tachycardie, troubles du rythme). De très nombreuses maladies peuvent retentir sur le sommeil, c'est pourquoi un bilan s'impose devant toute insomnie qui dure pour rechercher d'abord une cause organique.
- Les insomnies d'origine psychiatriques : l'anxiété et la dépression sont très fréquemment retrouvées comme causes d'insomnie. D'autre part la plupart des maladies psychiatriques s'accompagnent d'insomnie. Il faut donc faire un bilan psychologique lorsque l'insomnie dure. Mais il est difficile de savoir quelle est la cause et quelle est la conséquence. De très nombreux patients insomniaques nous disent que leur moral s'améliore nettement lorsqu'ils dorment bien et que la dépression n'est pas la cause mais la conséquence de l'insomnie.
- Les insomnies médicamenteuses ou toxiques :

de nombreux médicaments comme les corticoïdes ou les bêtabloquants ont un effet négatif sur le sommeil. Si les troubles du sommeil coïncident avec le changement d'un médicament, n'hésitez pas à en parler à votre médecin. L'abus de café et/ou d'alcool peut être aussi responsable d'un sommeil fractionné par de nombreux éveils.

- Les insomnies dues à d'autres troubles du sommeil : le syndrome d'apnées du sommeil, le syndrome des jambes sans repos, la narcolepsie... ces troubles souvent méconnus et non identifiés.

Jambes sans repos (syndrome des)

Le syndrome des jambes sans repos aussi appelé syndrome d'impatience des membres inférieurs se présente comme :

- Un besoin impérieux de bouger les jambes, souvent associé à des sensations inconfortables et désagréables dans les jambes : fourmillements, picotements, brûlures. Ces troubles sont parfois aussi présents dans les bras.
- Une apparition ou une aggravation de ces symptômes lors des périodes de repos ou d'inactivité,

particulièrement en position allongée ou assise.

- Un soulagement ou une rémission des signes avec des mouvements comme la marche ou l'étirement.
- Une apparition ou une nette aggravation le soir ou la nuit.

Ce syndrome des jambes sans repos s'associe souvent au cours du sommeil à des mouvements périodiques des membres inférieurs qui perturbent le sommeil et la première plainte est l'insomnie avec en particulier des difficultés d'endormissement.

Narcolepsie

La narcolepsie-cataplexie ou maladie de Gélineau est une hypersomnie rare mais très invalidante d'origine génétique.

Les narcolepsiques présentent deux types de symptômes caractéristiques :

- Une somnolence diurne excessive qui se traduit par des épisodes de sommeil irrépressibles, c'est-à-dire contre lesquels on peut difficilement lutter, et qui se répètent à plusieurs reprises au cours de la journée.

- Des cataplexies, qui sont des chutes du tonus musculaire, au moment d'émotions, sans altération de la conscience. La cataplexie survient typiquement chez une personne qui doit prendre la parole en public ou qui vient de recevoir un appel téléphonique qui la touche : brusquement, il sent sa tête qui tombe, ses jambes qui lâchent, il doit se retenir à une chaise et parfois ne peut pas éviter de tomber. Pourtant sa tête fonctionne normalement et il ne fait pas de perte de connaissance, il se rend compte de l'inquiétude des gens autour, de la sensation de tomber, mais il ne peut plus réagir. Au bout de quelques secondes, voire quelques minutes, le tonus musculaire revient et il peut se remettre debout.
  Les émotions qui déclenchent la cataplexie sont en général positives : éclat de rire, joie, surprise, mais elles peuvent aussi être négatives : colère, bruit…

Les narcolepsiques présentent aussi, mais moins systématiquement, d'autres symptômes :

- des hallucinations qui peuvent survenir lors de l'endormissement ou au réveil et qui sont comme des rêves éveillés parfois très effrayants ;

- des paralysies du sommeil qui correspondent à une chute du tonus musculaire au cours de la nuit, allongé avec une incapacité à mobiliser les membres et à respirer avec une amplitude normale. Elles peuvent durer plusieurs minutes et sont souvent vécues de façon angoissante. Elles se produisent essentiellement au moment du réveil matinal, à la fin d'une sieste, ou à l'endormissement ;
- un mauvais sommeil nocturne perturbé par de nombreux éveils.

La narcolepsie est une maladie génétique, mais qui n'est pas à transmission automatique de parent à enfant. Elle survient le plus souvent avant 25 ans, avec un déclenchement variable, principalement entre 15 et 20 ans. On retrouve parfois une cause déclenchante : accident, maladie infectieuse, choc psychologique.

Il s'agit d'une maladie rare qui touche cependant plusieurs dizaines de milliers de personnes en France.

Le retentissement sur la vie quotidienne, le travail, la vie de famille est important et ce, d'autant plus qu'il s'agit d'une maladie peu connue et que les malades sont parfois pris à tort pour des gens paresseux ou qui ne respecteraient par leur sommeil.

Ronflement

Le ronflement est lié à la vibration des parties molles de la gorge et du nez lors du passage de l'air au cours du sommeil.

Pendant la nuit, les muscles se détendent et la respiration devient automatique. La position allongée favorise aussi une obstruction des voies respiratoires par la masse graisseuse qui s'accumule dans la région du cou.

Plusieurs facteurs favorisent le ronflement :

- des facteurs anatomiques d'abord : une déviation de la cloison nasale, une grosse langue, une grosse luette, un palais ogival, un voile du palais plongeant et épaissi, de grosses amygdales ;
- des facteurs fonctionnels : un relâchement des muscles respiratoires qui peut être aggravé par l'alcool ou certains médicaments.

Le ronflement est parfois très sonore (jusqu'à 90 dB = le bruit d'un camion passant dans une rue).

Il est très gênant socialement et peut perturber le sommeil soit directement, soit par les apnées du sommeil. Il est aussi très perturbant pour le conjoint.

En vieillissant, la tonicité musculaire s'affaiblit ce qui augmente les risques de ronflement. Les hommes y sont plus sujets que les femmes, certainement pour des raisons hormonales et anatomiques, notamment chez les sujets qui ont un cou large et court.

La surcharge pondérale est souvent un facteur aggravant chez l'homme car la répartition des graisses se fait volontiers dans la région du cou. Cependant certains ronfleurs sont d'un poids normal, voire maigres. Il existe d'autres paramètres pouvant influer sur le ronflement comme la position du menton, l'épaisseur de la langue, la forme du palais, de la luette, du voile ou des amygdales… Le ronflement est également favorisé par la position allongée sur le dos, la fatigue, la consommation d'hypnotiques et d'alcool.

Somnambulisme

Le somnambulisme fait partie de la famille des parasomnies. Il consiste à l'exécution de gestes ou comportements automatiques plus ou moins élaborés au cours du sommeil et sans conscience de les accomplir.

Le plus souvent, ces comportements sont très frustes. La personne s'assoit sur son lit, marmonne quelques mots et se rallonge pour se rendormir.

Parfois, on observe cependant des actions plus complexes de type :

- déambulations nocturnes : le somnambule se déplace dans la maison avec un but qui paraît précis, il peut prendre des objets, ouvrir des portes, descendre des escaliers. Il ne fait en général jamais de gestes inhabituels, mais il peut se tromper et manquer de précision ou s'interrompre au milieu de son trajet sans trouver d'issue ou se rendormir à un autre endroit que son lit. Le risque accidentel est rare mais non exceptionnel ;
- boulimies nocturnes avec prise d'aliments en général non cuisinés ;
- actes de violence envers soi-même ou son conjoint, dans un contexte rapporté de rêves agressifs.

Les crises de somnambulisme ont le plus souvent lieu en première partie de la nuit lors du sommeil lent profond. Le sujet ne se souvient en général de rien.

Très fréquent chez l'enfant (un enfant sur dix est plus ou moins somnambule), il est très rare chez l'adulte, mais peut réapparaître chez un adulte dans des situations de stress. Il y a une notion familiale avec des familles de somnambules.

En général, on ne traite pas le somnambulisme, on conseille simplement un traitement du stress avec des séances de relaxation ou une amélioration de l'hygiène de vie (sport, horaires réguliers).

Cependant si le somnambulisme s'accompagne de violences ou de mise en danger, il faut le traiter.

Somniloquie

La somniloquie est comparable au somnambulisme, mais consiste à simplement parler ou émettre des sons, le plus souvent inintelligibles, au cours de la nuit. Elle survient surtout chez l'enfant et en particulier au cours du sommeil profond. Elle est moins fréquente chez l'adulte.

Il existe des familles de somniloques dont

certains se répondraient l'un l'autre pendant la nuit… mais cela n'a pas fait l'objet de recherches scientifiques.

Le discours du somniloque traduit parfois une anxiété sur des tâches à accomplir avec urgence ou sur une préoccupation difficile à saisir pour les autres.

Terreurs nocturnes

Les terreurs nocturnes font partie des parasomnies. Elles surviennent principalement chez l'enfant d'âge scolaire et parfois, plus rarement chez des jeunes adultes. Comme pour le somnambulisme, il y a souvent des antécédents de « terreurs nocturnes » dans la famille. Elles sont, comme leur nom l'indique, « terrorisantes ».

Au début de la nuit, alors que l'enfant semble bien endormi, il devient agité et hurle de « terreur » dans son lit. Une chose terrible ou un horrible cauchemar semble lui être arrivé. Son cœur bat à toute vitesse, il est en sueur et semble se débattre.

Les parents sont affolés par les premiers épisodes : qu'arrive-t-il à mon enfant : rien… Quand on parvient, non sans peine, à lui faire retrouver conscience, il ne se souvient en général de rien, ou semble assez confus et n'a qu'une idée… se rendormir. Le lendemain, il n'a même aucun souvenir de l'épisode et met parfois en doute ce qu'on lui raconte.

Ces terreurs surviennent dans la première partie de la nuit, la plupart du temps, en plein sommeil lent profond.

Il n'y a pas d'utilité à réaliser des examens complémentaires du sommeil. Les terreurs nocturnes disparaissent en général avec la puberté et l'examen du sommeil ne retrouve en général pas d'anomalie, à l'exception d'une haute proportion de sommeil profond.

Elles peuvent cependant être le témoin d'un stress ou d'une anxiété. Il est alors utile de discuter avec l'enfant ou le jeune pour savoir comment mieux faire face à ce stress : le sport, la relaxation peuvent être proposés.

Exceptionnellement, dans un contexte où les terreurs sont répétées toutes les nuits et perturbent le sommeil de la famille ou des voisins, un traitement médicamenteux sera prescrit.

CHAPITRE 3

DIAGNOSTIQUER UN TROUBLE DU SOMMEIL

•

Les outils pour mieux connaître le sommeil

Près d'un Français sur deux se plaint d'un mauvais sommeil et 20 % sont insomniaques. Pourtant très peu d'entre eux arrivent à trouver une solution à leur problème. Quant aux médecins, ils ont du mal à faire la part des choses avant de prescrire un traitement : leur patient est-il un mauvais dormeur ou un vrai insomniaque ?

Ceux qui dorment vraiment mal le savent bien. Ils ne parviennent pas à fermer l'œil de la nuit, passent régulièrement des nuits blanches et leur cerveau ne s'arrête jamais. Ceux qui dorment très bien ont un sommeil de bébé, de marmotte, ou de plomb. Mais les personnes qui n'ont ni un sommeil de plomb ni d'insomnies ont souvent du mal à caractériser la façon dont se déroulent leurs nuits.

On se souvient facilement de la façon dont s'est déroulée la nuit passée ou la nuit précédente, mais comment garder des souvenirs des nuits de la semaine précédente ?

C'est pour mieux connaître le sommeil, sa qualité et sa durée que les médecins du sommeil ont mis au point des outils d'évaluation du sommeil et de la somnolence. Certains sont très faciles et peuvent être remplis par tous : ce sont des échelles et des questionnaires. Nous vous encourageons à tester vous-même votre sommeil grâce à ces outils. Ces outils sont l'agenda du sommeil, les questionnaires de sommeil et les questionnaires de somnolence.

D'autres outils sont plus complexes et restent réservés aux spécialistes : ce sont les examens objectifs et physiologiques du sommeil et de la vigilance. Ils sont habituellement réalisés en laboratoire de sommeil. Ce sont l'actimétrie, la polygraphie respiratoire, la polysomnographie (enregistrement complet du sommeil) et les tests de somnolence et d'éveil.

L'agenda du sommeil

L'agenda du sommeil vous permet de mieux connaître votre sommeil au jour le jour et sur une longue période. Il permet aussi de mieux connaître votre profil de sommeil :

- Êtes-vous régulier ou irrégulier dans vos habitudes ?
- Êtes-vous du soir ou du matin ?
- Êtes-vous petit dormeur ou grand dormeur ?

En le remplissant consciencieusement, vous allez pouvoir :

- Comparer votre sommeil en fonction des différentes périodes : travail et vacances, semaine et week-end, hiver et été.
- Donner à votre médecin des informations plus complètes sur votre sommeil.
- Juger de l'efficacité du traitement proposé.

La période minimale que nous envisageons est habituellement de deux semaines, mais certaines personnes remplissent l'agenda pendant un mois ce qui donne encore plus d'informations. D'autres personnes le reprennent plusieurs fois dans l'année pour mieux se connaître.

Nous vous proposons l'agenda que nous utilisons régulièrement. Il en existe plusieurs modèles mais ce dernier modèle est particulièrement pratique. Vous pouvez le reproduire en grand ou en faire un modèle sur votre ordinateur pour plus de lisibilité.

L'agenda de votre sommeil

Marquez d'un trait vertical l'heure d'extinction de la lumière et l'heure du lever
Hachurez les moments où vous avez dormi
en laissant en blanc les moments où vous étiez éveillé.

Temps de sommeil *Jour de repos :* ....

20 21 22 23 24 1 2 3 4 5 6 7 8 9 10 11 12 13 14 15 16 17 18 19 20

Temps de sommeil *Jour de travail :* ....

20 21 22 23 24 1 2 3 4 5 6 7 8 9 10 11 12 13 14 15 16 17 18 19 20

Mettez un trait vertical à l'endroit qui vous paraît le mieux correspondre à votre état :

Lors de votre dernière nuit, votre sommeil a-t-il été ?

Excellent ———————————— Très mauvais

Au réveil :

Vous sentiez-vous lucide ?

Pas du tout ———————————— Particulièrement

Etiez-vous dynamique ?

Très ———————————— Pas du tout

Ce soir au travail :

Vous sentez-vous en forme pour faire vos activités ?

Particulièrement en forme ———————— Pas du tout en forme

Par rapport à d'habitude, avez-vous eu envie de faire aujourd'hui ?

Moins de choses ———————————— Plus de choses

Comment vous sentez-vous dans vos relations avec les collègues aujourd'hui ?

Très bien ———————————— Très mal

Remplissez cet agenda pendant quelques minutes chaque matin au lever (ou au moment du petit déjeuner, pour juger de la nuit qui vient de se dérouler) et le soir avant de vous coucher pour évaluer comment s'est passée votre journée.

Cet agenda est essentiellement le vôtre : il va vous permettre de mieux faire connaître votre sommeil. Il sera également utile comme outil de dialogue avec votre médecin pour lui montrer l'importance des troubles, leur fréquence, leur évolution positive ou non sous l'effet des traitements proposés.

Les tests et échelles

Les échelles et les questionnaires sont utilisés pour mieux apprécier l'origine et l'importance des troubles du sommeil. Ils peuvent être utilisés à titre individuel, mais aussi testés dans un grand groupe de personnes pour connaître l'épidémiologie des troubles du sommeil.

C'est le cas du questionnaire du sommeil de l'Hôtel-Dieu que nous avons proposé à tous nos patients depuis dix ans. Il a également été rempli par un échantillon représentatif de 12 778 Français. Il s'agit d'un questionnaire composé de deux questions que vous pouvez remplir en 15 minutes et qui permet d'identifier les différentes pathologies du sommeil : insomnies, hypersomnies, narcolepsie, apnées du sommeil.

L'actimétrie

L'actimètre est un moyen très simple et en même temps très précis pour apprécier les rythmes d'éveil et de sommeil sur une longue période et pour mieux comprendre l'horloge biologique.

Il se présente sous la forme d'une petite montre noire que l'on porte au bras non dominant (à gauche pour les droitiers) pendant une période de deux à trois semaines et ce, jour et nuit. Cette montre enregistre le nombre et l'intensité de tous vos mouvements au cours de cette période. Une puce électronique enregistre ces informations en fonction du jour et de l'heure.

Lorsque vous remettez l'actimètre au technicien, celui-ci le pose sur l'interface d'un ordinateur qui calcule toutes vos phases d'éveil (au-dessus d'un certain nombre de mouvements par minute), de repos, et de sommeil (en dessous d'un seuil de mouvements par minute).

Le résultat est très intéressant car cette montre permet d'apprécier :

- les horaires de coucher et de lever ;
- le temps passé au lit ;
- le décalage entre semaine et week-end ;
- le temps d'endormissement ;
- le temps de sommeil total par 24 heures ;
- le temps de sieste ;
- la nature de l'horloge biologique : « du soir » ou « du matin ».

Par contre l'actimétrie ne peut pas mesurer le sommeil lent profond ou le sommeil paradoxal.

L'actimétrie est très utilisée pour évaluer le sommeil des personnes qui présentent un décalage de leur horloge biologique (avance de phase ou retard de phase), qui travaillent de nuit ou en horaires décalés avec des troubles du sommeil. On propose aussi souvent cette technique aux insomniaques pour confirmer les informations fournies par l'agenda du sommeil. Souvent la simple connaissance de ses rythmes permet d'atténuer les troubles du sommeil.

L'actimétrie demeure cependant un examen spécialisé qui n'est réalisé que dans les centres du sommeil. Il est reconnu, mais n'est pas encore pris en charge par la classification des actes de la Sécurité sociale.

La polysomnographie : l'enregistrement complet du sommeil

Depuis quelques années, il est possible d'enregistrer complètement à l'hôpital le sommeil grâce à la polysomnographie. Cet examen consiste à capter les rythmes électriques qui proviennent de votre corps pour en déduire les stades de sommeil. Les techniciennes du sommeil posent des électrodes sur votre cuir chevelu et sur votre visage et vous relient à un enregistreur qui va recueillir sur un ordinateur les enregistrements suivants :

- L'électroencéphalogramme ou EEG qui est le rythme électrique de votre cerveau.
- L'électromyogramme ou EMG qui mesure le tonus des muscles et en particulier le muscle du menton et parfois aussi des jambes.
- C'est l'électro-oculogramme ou EOG qui recueille les mouvements des yeux et qui est très important pour détecter le sommeil paradoxal.

Par ailleurs, on mesure aussi fréquemment la respiration grâce à un capteur naso-buccal et à des capteurs sur le thorax, le rythme cardiaque ou ECG, parfois aussi la température du corps et le taux d'oxygène sanguin au cours de la nuit mesuré à l'aide d'un capteur sur le doigt. Un enregistrement vidéo est parfois aussi réalisé pour dépister les crises d'épilepsie, le somnambulisme ou d'autres anomalies plus rares du comportement au cours du sommeil.

Ainsi harnachés, de nombreux patients ont peur de ne pas dormir. Pourtant, ils parviennent à s'endormir pour la plupart et seuls 1 % des patients dorment moins de trois heures lors d'une nuit de polysomnographie.

Un traitement est-il nécessaire pour faire l'examen ? oui et non. Vous ne devez pas changer vos habitudes. Si vous avez l'habitude de prendre un traitement, continuez à le faire. Si ce n'est pas le cas, abstenez-vous d'en commencer un.

Grâce à la polysomnographie, on peut connaître le temps de sommeil, sa composition en cycles et en stades, la latence d'endormissement, l'efficacité du sommeil (rapport du temps de sommeil total sur le temps passé au lit), ainsi que les anomalies respiratoires, cardiaques ou neurologiques qui peuvent agir sur le sommeil.

L'enregistrement du sommeil à la maison

Depuis quelques années, on peut désormais enregistrer le sommeil à la maison. L'enregistreur est parfois prêté ou fixé par le laboratoire et vous pouvez dormir dans votre chambre.

Les enregistrements qui sont ainsi réalisés sont soit une simple polygraphie qui enregistre la respiration pour dépister les apnées du sommeil, soit une polysomnographie complète avec analyse du sommeil.

Les avantages de ce système ? Vous dormez dans votre environnement habituel et dans votre chambre. Votre sommeil est donc plus naturel.

Les inconvénients ? Votre entourage peut être inquiet en voyant l'enregistreur. D'autre part, les difficultés techniques ne sont pas contrôlées immédiatement par une technicienne comme dans un laboratoire du sommeil.

Chapitre 4

TRAITER LES TROUBLES DU SOMMEIL

•

La prise en charge des troubles du sommeil fait appel à deux approches : l'une médicamenteuse et l'autre non médicamenteuse.
Ces deux méthodes ne sont pas concurrentes mais complémentaires. Voici pourquoi :

Il n'est pas justifié de prescrire des médicaments pour un trouble du sommeil en première intention. Une bonne connaissance du sommeil permet souvent d'améliorer la situation. Le respect des règles d'hygiène du sommeil (voir chapitre 5) et certaines approches non médicamenteuses comme la relaxation, ou les thérapies comportementales permettent aussi de mieux gérer le sommeil à moyen et long terme.

Cependant les médicaments du sommeil hypnotiques ou les traitements psychotropes peuvent s'avérer indispensables dans les phases aiguës ou si l'organisme ne parvient plus à supporter les insomnies. Certains hypnotiques permettent désormais de retrouver un sommeil de bonne qualité et présentent très peu d'effets secondaires.

Les deux approches sont donc complémentaires en fonction de l'évolution des troubles du sommeil.

Les médicaments

Plusieurs catégories de médicaments peuvent être utilisées pour traiter l'insomnie et les troubles du sommeil. Ils font l'objet de procédures très strictes validées par les agences du médicament nationales et internationales. Leur efficacité est donc prouvée ainsi que leur innocuité (absence d'effets secondaires sévères). Cependant, ils doivent être utilisés selon les règles (n'essayez jamais le somnifère de quelqu'un d'autre !) et sont parfois susceptibles d'entraîner une certaine dépendance psychologique ou même physique.

- **Les médicaments hypnotiques également appelés somnifères.** Certains sont sur prescription médicale, d'autres en vente libre à la pharmacie. Leur efficacité est en général prouvée, mais les médicaments qui sont en vente libre ne sont pas forcément les plus anodins. Ils présentent, en effet, des effets secondaires et peuvent favoriser la somnolence au volant. Il est vraiment utile d'en parler à votre médecin avant de vous décider. Ces traitements sont prescrits pour un maximum de quatre semaines. Après, l'ordonnance doit être renouvelée. Ces médicaments sont particulièrement indiqués pour les personnes qui présentent une insomnie liée à une période difficile ou aux patients ayant des troubles du sommeil associés à d'autres maladies chroniques.

- **Les traitements psychotropes.** Les troubles du sommeil survenant souvent dans un contexte d'anxiété ou de dépression, les médecins prescrivent parfois directement des médicaments contre l'anxiété (anxiolytiques) ou contre la dépression (antidépresseurs) qui peuvent avoir un effet bénéfique sur le sommeil.

- **Le traitement de la cause.** L'insomnie peut être liée à de nombreuses causes physiques. Si tel est le cas, le traitement de la cause suffit souvent à retrouver un meilleur sommeil : antalgiques (contre la douleur), traitement de l'asthme, des troubles urinaires, hormone thyroïdienne…

- **Les plantes.** De nombreuses plantes (valériane,

passiflore, tilleul, etc.) jouent un rôle positif sur le sommeil. Sous forme de tisanes ou de comprimés, elles ont souvent un effet apaisant mais sont insuffisantes en cas de troubles sévères.

Les approches non médicamenteuses

L'hygiène du sommeil est développée dans le chapitre 5.

La thérapie cognitive et comportementale

Les méthodes de thérapie cognitive et comportementale de l'insomnie ont d'abord été mises au point et testées avec succès au Canada. Elles sont en général recommandées par tous les spécialistes de l'insomnie. Quel est leur principe ? Vous assistez à des sessions avec un spécialiste médecin ou un psychologue, et en groupe, pour vous interroger sur votre sommeil et modifier vos mauvaises habitudes. Ces thérapies se déroulent de manière régulière pendant plusieurs semaines ou mois et utilisent plusieurs méthodes :

- **La restriction du temps passé au lit.** Les

insomniaques ont tendance à vouloir se reposer à tout prix car ils dorment mal. Cette méthode les incite à ne rester au lit que pour dormir et à se lever s'ils n'arrivent pas à dormir.

- **Le contrôle du stimulus.** L'insomnie est souvent associée à des peurs et à des comportements d'évitement qui aggravent encore les problèmes de sommeil. Ces thérapies permettent d'identifier et de changer ces mauvaises habitudes.
- **Le rappel des règles d'hygiène de sommeil.**
- **Des techniques de relaxation.**

Lorsque les insomniaques participent régulièrement à ces séances, leur efficacité est comparable si ce n'est meilleure à celle des hypnotiques. Elles sont cependant difficiles à appliquer pour les raisons suivantes :

- Souvent les insomniaques ont une vie active et stressante et ont du mal à consacrer du temps à leur problème sur le long terme. Ils manquent de disponibilité pour suivre ces réunions.
- Ces thérapies ne sont pas prises en charge par la Sécurité sociale.
- Les thérapeutes formées à ces techniques sont peu nombreux.

Les techniques de relaxation

Les techniques de relaxation sont mieux connues du grand public et des nombreux professionnels de qualité en connaissent les principes qui sont :

- Le contrôle respiratoire de l'inspiration et l'expiration, comme par exemple la respiration au carré, un exercice qui consiste à :
  - inspirer profondément en gonflant l'abdomen pendant 15 secondes ;
  - bloquer sa respiration pendant 15 secondes ;
  - expirer à fond en vidant sa cage thoracique et en creusant son ventre pendant 15 secondes ;
  - bloquer sa respiration pendant 15 secondes ;

  et à recommencer plusieurs fois.
- La détente progressive de tous les muscles, les yeux fermés en descendant de la tête aux pieds, en sentant chacun de ses muscles et en les détendant progressivement.
- L'imagerie mentale qui consiste à imaginer un lieu ou une situation plaisante et à se concentrer sur cette image qui sert ensuite de repère pour s'évader de la réalité.

Ces techniques sont très utiles pour lutter contre

l'insomnie. Il faut les apprivoiser pour se les approprier et pouvoir les utiliser soi-même. De nombreux insomniaques ont cependant du mal à se laisser aller à la relaxation, soit parce qu'ils sont impatients, soit parce qu'ils ont du mal à se détendre ou à se concentrer. Pour essayer ces techniques, nous vous conseillons :

- de vérifier que les thérapeutes sont des professionnels (coordonnées publiques, locaux non confidentiels, clarté des honoraires, réputation non sectaire) ;
- de préférer des séances de groupe à des séances individuelles, du moins au début ;
- de vous limiter dans un premier temps à cinq ou six séances pour faire le point. Si ces techniques ne fonctionnent pas au bout d'un certain laps de temps, il y a peu de chances pour qu'elles soient efficaces plus tard. Par contre, si vous notez déjà un effet positif, essayez de travailler par vous-même et participez de nouveau à une séance pour progresser après un certain délai.

La lumière de haute intensité

La lumière agit sur l'horloge biologique.

Une horloge dans notre tête

L'homme, comme de nombreux êtres vivants, possède sa propre montre qui lui indique le temps et qui gouverne ses rythmes. Cette montre ou « horloge interne » a été localisée, il y a peu de temps, dans une zone cérébrale appelée « noyau suprachiasmatique de l'hypothalamus ». Chaque cellule de cette horloge (isolée chez l'animal) est capable de battre le rythme du temps indépendamment de ses voisines.

Chez l'homme, cette horloge est réglée sur environ 24 heures. On dit qu'elle est circadienne du latin circa (autour) et diem (jour). Cette horloge est aussi fortement influencée par le rythme des jours et des nuits. Au moment où tombe la nuit, elle donne le signal du repos alors que le jour est traditionnellement une période plus active.

Mais l'horloge interne ne gouverne pas uniquement le rythme du sommeil et de l'éveil. Elle est aussi responsable de l'organisation de très nombreux rythmes qui évoluent eux aussi sur 24 heures : la température interne, la sécrétion de multiples hormones (hormone de croissance, hormones sexuelles, cortisol, hormones thyroïdiennes…), le rythme cardiaque et de la tension artérielle, la fréquence respiratoire, la fonction rénale, etc.

Synchronisation-désynchronisation de l'horloge

Les différents rythmes biologiques circadiens ne sont pas indépendants : ils sont liés les uns aux autres par de multiples liens. Lorsque notre vie est harmonieuse, tous les rythmes sont harmonieusement synchronisés : on dit qu'il y a synchronisation des rythmes biologiques.

Lorsque les horaires sont décalés (comme lors du passage à l'horaire d'hiver ou d'été, ou en cas de travail posté), tous les rythmes circadiens ne vont pas s'adapter à la même vitesse au nouvel horaire. Ils sont alors désynchronisés les uns par rapport aux autres. Cette désynchronisation se traduit par un malaise qui perturbe la qualité de la vigilance, du sommeil et la qualité de vie.

Après avoir testé de nombreuses situations, les recherches ont montré que deux facteurs contribuaient à synchroniser fortement l'horloge biologique sur le rythme de 24 heures.

Le premier facteur est le rythme social. L'influence des activités sociales, le fait d'avoir une montre réglée sur 24 heures, les habitudes alimentaires et le travail jouent un rôle. L'horloge interne est influencée par exemple par notre activité physique et intellectuelle. Si l'activité est concentrée sur la journée, le sommeil se déclenchera naturellement le soir. Si elle est retardée, le sommeil sera aussi retardé.

Le deuxième et très puissant facteur de synchronisation est la lumière et en particulier la lumière de haute intensité. La lumière passe directement de la rétine à l'horloge biologique par l'intermédiaire du tractus rétino-hypothalamique. Elle fait ainsi sécréter par une glande (la glande pinéale) une hormone (la mélatonine) qui donne le signal du sommeil à l'organisme. Lorsque le jour paraît, cette mélatonine disparaît et l'éveil est plus facile.

Chacun sa propre horloge

L'horloge de chaque homme n'est pas identique à celle de son voisin. Certaines variations individuelles sont sans doute d'origine génétique.

Dernièrement, la présence d'un gène appelé « clock gene » chez une mouche (la drosophile) a été mise en évidence. Certaines races de souris peuvent également être identifiées par la période de leur horloge biologique. On suppose que chez l'homme aussi, la période de l'horloge est réglée par des facteurs génétiques qui lui sont propres.

Le caractère « soir-matin » est un caractère génétique qui dépend de l'horloge biologique. Cer-taines personnes sont considérées comme « du soir », c'est-à-dire qu'elles ont tendance à se coucher tard et à se réveiller tard. Leur horloge est alors réglée sur une période supérieure à 24 heures. D'autres sont « du matin », leur horloge tourne souvent sur moins de 24 heures.

Avec l'âge, l'horloge devient moins souple lorsqu'il faut s'adapter aux changements horaires. On dit que l'horloge est moins élastique. Ainsi, un sujet jeune pourra souvent s'adapter plus facilement à des changements d'horaires et récupérer le sommeil qui lui manque durant un autre jour de la semaine. On dit qu'il présente une certaine élasticité de ses rythmes. Au contraire, un sujet plus âgé ne parviendra pas à récupérer (par exemple le week-end) les heures de sommeil qui lui manquent : ses rythmes sont plus rigides.

La lumière : pour qui ?

La lumière est indiquée chez ceux qui présentent :

- un décalage de l'horloge biologique (retard de phase avec difficultés d'endormissement et difficultés pour se réveiller) ou avance de phase (avec endormissement trop tôt dans la soirée et réveil au milieu de la nuit) ;
- aux travailleurs de nuit ou en horaires décalés ; à ceux qui présentent une augmentation des troubles du sommeil avec un moral en berne en automne ou en hiver ;
- après un décalage horaire.

Les lampes doivent diffuser de la lumière type de jour (sans UV) et de haute intensité (de 1 000 à 1 500 lux). Ce ne sont donc ni des lampes ordinaires ni des halogènes, mais des lampes que l'on peut trouver au rayon bien-être des grands magasins.

Le principe est de s'exposer 30 à 60 minutes par jour, de préférence le matin (ou avant le travail pour les travailleurs de nuit), en ne regardant pas la lampe en face mais en restant à proximité, pendant des périodes de deux à trois semaines à répéter trois ou quatre fois par an. Inutile d'interrompre ses activités quotidiennes pendant la séance. On peut prendre son petit déjeuner, lire, écrire, regarder la télévision ou travailler sur son ordinateur en même temps que l'on s'expose à la source lumineuse. La seule recommandation semble être de regarder la lumière de temps en temps, et que les yeux soient dans le champ de la lumière. L'utilisateur doit garder les yeux ouverts, mais n'a pas besoin de fixer la source lumineuse.

L'effet positif se fait en général ressentir dès la première semaine d'exposition.

Existe-t-il des contre-indications ?

Toute maladie des yeux évolutive est une contre-indication. Si vous avez des problèmes oculaires mais stables, parlez-en à votre médecin même si le risque est a priori inexistant.

Peut-on remplacer la lampe par la lumière extérieure ? Oui si vous habitez dans une région ensoleillée ou pendant les belles saisons. Cependant, dans les régions du Nord, il est difficile de bénéficier des bienfaits d'une lumière suffisante et régulière le matin, en raison du mauvais temps.

Une bonne hygiène de lumière est cependant nécessaire chez de nombreuses personnes âgées : la lumière est bonne pour le moral et pour resynchroniser l'horloge biologique. N'hésitez à profiter des vertus de la lumière au moins une heure par jour et si possible le matin.

De nouvelles catégories de lampes, les simulateurs de l'aube, font leur apparition sur le marché. Il s'agit de lampes qui s'éclairent progressivement avant votre réveil pour stimuler doucement votre horloge biologique. Ces lampes sont parfois accompagnées d'un réveil en douceur et progressif. Elles semblent particulièrement indiquées pour ceux qui se réveillent avec difficulté le matin.

À quel moment les travailleurs de nuit ou les personnes victimes du jet lag doivent-ils s'exposer ?

Les travailleurs de nuit doivent s'exposer dans la soirée ou en début de poste.

Les travailleurs décalés en poste « du matin » doivent s'exposer le matin.

Les travailleurs décalés en poste « d'après-midi » doivent s'exposer en fin de matinée.

- Les personnes qui voyagent avec un décalage « vers l'ouest » s'exposeront le soir.
- Celles qui voyagent avec un décalage « vers l'est » s'exposeront le matin.

L'acupuncture

L'acupuncture a été régulièrement proposée dans les troubles du sommeil. Il s'agit d'un traitement de fond dont le but est d'obtenir un rétablissement des mécanismes de l'endormissement. Les techniques employées par les thérapeutes sont très variables et les résultats inconstants. Un travail de collaboration avec un confrère acupuncteur et portant sur le point « Paé Roé » avait montré une efficacité très satisfaisante puisque plus de 50 % des patients avaient présenté une rémission de leurs troubles du sommeil (après au moins dix séances).

Et les autres thérapies non médicamenteuses

Il ne se passe pas un mois sans qu'un de mes patients ne me parle d'une nouvelle thérapie miracle pour guérir l'insomnie. Vous devez donc faire preuve de prudence et ne pas laisser quelqu'un abuser de votre état de fatigue et de faiblesse. Parlez-en à votre médecin et ne vous lancez pas dans des démarches longues qui pourraient vous décourager. Toutes les méthodes dont nous avons parlé sont issues de la recherche scientifique la plus sérieuse. Les autres n'ont pas démontré leur efficacité.

CHAPITRE 5

APPRENEZ À BIEN DORMIR

•

L'activité physique et le sommeil

Indispensable dans le cadre d'une hygiène de vie équilibrée, l'activité physique régulière augmente la masse musculaire, sculpte la silhouette, améliore la souplesse, diminue les risques de maladies cardio-vasculaires et d'ostéoporose, favorise l'équilibre général et influe naturellement sur la qualité du sommeil.

Dans certains cas, son influence est positive car elle facilite l'endormissement et plonge le dormeur dans un sommeil réparateur, mais elle peut parfois peser sur le déroulement de la nuit. Tout dépend du type d'exercice, de son intensité, du moment de la journée où l'on s'y adonne. Ainsi, il est préférable de pratiquer une activité physique en fin d'après-midi plutôt qu'en soirée, car l'exercice réduit alors la latence d'endormissement et accroît le sommeil lent profond réparateur.

Mais de quel type d'activité physique est-il question ? Si le sport vient immédiatement à l'esprit, il serait réducteur de se cantonner à ce seul aspect de l'activité physique. En effet, nous pouvons solliciter notre corps en dehors de toute démarche sportive de compétition ou de club. C'est ainsi que la marche, la montée des escaliers, le ménage, les courses, les balades à vélo ou encore le jardinage relèvent de l'activité physique.

Ces exercices ordinaires, pourtant indispensables à notre bien-être, sont aujourd'hui réduits à la portion congrue. Ainsi, notre emploi du temps est largement grignoté par une infinité d'activités sédentaires, propres à notre mode de vie occidental comme la voiture et le travail de bureau et bien sûr la télévision, devant laquelle les Français passent en moyenne un peu plus de 3 heures par jour selon les instituts de sondages. Si on ajoute à ces comportements, le développement du « surf » sur Internet, l'explosion des jeux vidéo et un penchant prononcé pour les plaisirs de la table, on comprend mieux que nous manquions de temps pour nous consacrer une simple demi-heure à la marche à pied comme le recommande le ministère de la Santé.

Activité physique hebdomadaire : l'heure du bilan

Il convient d'introduire dans votre emploi du temps quotidien, la petite demi-heure d'activité physique bienvenue pour votre organisme et bien sûr pour votre sommeil.

Pour définir vos disponibilités, prenez le total correspondant à la somme de vos heures sédentaires et retranchez les heures d'inactivité physique auxquelles vous ne pouvez vous soustraire, du type sommeil, temps de trajet pour vous rendre au bureau, activité professionnelle. Il y a fort à parier qu'il reste encore un peu de temps que vous consacrez habituellement, de votre propre gré, à la sédentarité. À vous de rogner sur le temps de télé ou de repos dans un fauteuil pour offrir à votre corps l'activité dont il a besoin.

Rares sont ceux qui ne disposent pas de cette petite demi-heure quotidienne.

Faites l'expérience : laissez votre voiture au garage et éteignez votre poste de télévision une heure plus tôt que d'habitude. Il est certain que la qualité de votre sommeil sera améliorée.

Activité physique intense et sommeil

Si une activité physique régulière et modérée améliore sans conteste la qualité du sommeil, le sport pratiqué intensément et notamment dans un cadre compétitif peut peser sur le déroulement de la nuit.

Il est conseillé d'éviter les rencontres sportives, les entraînements intensifs et les compétitions en soirée car le sommeil est associé à une diminution de notre température interne. Or, sous l'effet de l'effort physique, la température corporelle augmente et il faut attendre un certain temps avant que celle-ci s'abaisse pour que le sommeil puisse se déclencher naturellement une fois le seuil de température atteint.

La veille d'une épreuve ou d'une rencontre particulièrement attendue, le sommeil peut être perturbé par des réveils nocturnes dus à un état d'anxiété. Enfin, le jour de la compétition, tous les centres de l'éveil sont mobilisés de façon durable. Si la rencontre a lieu en fin d'après-midi ou en début de soirée, l'excitation encore vive risque de nuire à l'endormissement. C'est d'autant plus vrai si l'on ressasse l'épreuve sans cesse et pire encore… si l'on a perdu !

L'exercice physique influence notre humeur

L'activité physique est décidément vertueuse. Outre l'amélioration de la qualité du sommeil, la preuve est désormais faite qu'elle participe également à la qualité de notre humeur en minimisant ses perturbations. En effet, chacun sait que l'anxiété et la dépression induisent une qualité de sommeil médiocre peu réparateur.

Dans le cas de personnes dépressives, le rôle de l'entourage et des soignants est déterminant puisque l'une de ses manifestations est l'absence d'envie, y compris d'avoir une activité physique. C'est à eux de convaincre la personne du bien-fondé de la démarche.

Ainsi, une expérience a été menée pendant dix semaines sur des personnes dépressives âgées de 60 à 84 ans auxquelles était proposé un entraînement trois fois par semaine. Au terme du délai, leurs troubles dépressifs étaient réduits de moitié et la qualité de leur sommeil, très sensiblement améliorée.

Excès de poids et troubles du sommeil

On constate fréquemment que le surpoids favorise certains troubles du sommeil comme les ronflements et l'apnée du sommeil. Un amincissement progressif permet de diminuer ces troubles respiratoires et donc de restaurer la qualité du sommeil. Pour y parvenir, le principe est simple. La perte de poids repose sur la différence entre les apports énergétiques et les dépenses. Au repos, notre métabolisme de base représente environ 70 % des dépenses quotidiennes, et la digestion à elle seule près de 4 %. Une simple diminution des apports caloriques suffit donc à déclencher un processus d'amincissement. Ainsi une femme consomme entre 1 800 à 2 000 kcal/j et un homme de 2 200 à 2 400 kcal/j. En limitant les apports en deçà du seuil de 1 500 kcal/j pour une femme et 1 700 kcal/j pour un homme, la balance énergétique devient négative. Le métabolisme de base consomme à lui seul plus de calories qu'on ne lui en apporte et l'organisme commence à puiser dans les réserves.

Cette réduction drastique des apports caloriques n'est pas sans risque car elle peut conduire à un déficit en oligoéléments et vitamines. Pour éviter ce type de carences mieux vaut ne réduire que modérément les apports caloriques et privilégier une augmentation des dépenses énergétiques via une activité physique accrue.

L'activité intellectuelle et le sommeil

À l'instar de l'activité physique, l'activité intellectuelle peut nuire à l'endormissement et à la qualité du sommeil.

Dans la journée, quelle que soit notre activité, notre cerveau est toujours en éveil attentif à l'exécution de ses tâches. Le degré de concentration dépend bien entendu du type d'activité. Tandis que le repassage ou le jardinage n'exigent qu'une activité intellectuelle diffuse, la broderie ou le réglage d'un appareil nécessitent une attention plus soutenue. Enfin les activités purement cérébrales comme une partie d'échecs, la rédaction d'un discours ou la programmation informatique mobilisent toutes nos facultés intellectuelles.

Plus l'effort intellectuel intense est tardif, plus l'endormissement est difficile.

Il en est de même pour les personnes anxieuses qui ne parviennent pas à « couper » avec les événements de la journée et sont envahies de pensées parasites au moment du coucher. Pour celles-ci, ce sont des successions d'interrogations sur les événements de la journée écoulée, sur ceux à venir, le tout sur fond de journée ressassée à l'envi. Ces personnes connaissent des réveils nocturnes fréquents au cours desquels les soucis et tracas de la journée envahissent l'esprit. Seul le détachement parvient à venir à bout de ce genre de troubles.

Un vœu pieux ? Peut-être pas. Tous les soirs avant de dormir, consacrez une vingtaine de minutes à dresser par écrit l'inventaire des événements marquants de la journée, en mettant en exergue les éléments positifs. Les points ou les comportements qui vous ont contrariés doivent faire l'objet d'une explication sommaire. Enfin, achevez votre bilan en inscrivant les actions à réaliser le lendemain afin de corriger les points négatifs de la veille.

Ce rituel répété avec assiduité devrait faciliter l'endormissement en évacuant les principaux sujets de préoccupation. L'objectif à terme est de rompre le cercle vicieux de l'insomnie induite par l'activité intellectuelle.

Les conflits

Puisqu'une activité intellectuelle intense pèse sur l'endormissement, on conçoit aisément qu'un énervement ou une tension soit aussi nuisible au sommeil. Or les sources de tensions sont nombreuses.

Qu'il s'agisse de tâches domestiques comme l'établissement d'un budget, le rangement de papiers ou de travail ramené à la maison, les raisons d'être contrarié le soir avant de se coucher sont nombreuses. Rien de plus agaçant que de boucler un dossier dans l'urgence, de téléphoner à un débiteur ou de rédiger une lettre de réclamation. Tous les centres de l'éveil sont mobilisés, la température corporelle s'élève et, comme un sportif, il faut attendre que la tension se relâche pour pouvoir enfin s'endormir.

Que dire alors des altercations professionnelles ou privées que l'on ne parvient pas à évacuer au moment du coucher ? Les discordes sont des sources de stress intense même si elles se placent dans le simple cadre d'une séance de conseil syndical ou à la réunion du bureau de votre association sportive.

Certains considèrent ce type de conflits comme l'exutoire de leurs tensions. La querelle une fois achevée, ils basculent, apaisés, dans le sommeil. Mais pour la grande majorité d'entre nous, l'effet est diamétralement opposé. Après un endormissement pénible, la nuit est émaillée de réveils soucieux.

Le mieux est d'organiser les soirées pour éviter autant que faire se peut l'escalade de tension nerveuse.

Enfin, conservons à l'esprit que les problèmes les plus insolubles se résolvent souvent avec une déconcertante facilité le matin.

La télévision

Faut-il proscrire le petit écran, compagnon de nos soirées, pour bien dormir ? Pas nécessairement. Il ne sert à rien de le diaboliser, mais il est essentiel de choisir le contenu des programmes et d'éviter de passer trop de temps face à l'écran.

Ainsi, dans nos sociétés, les soirées sont majoritairement consacrées à la télévision. Après les actualités, le téléspectateur enchaîne avec une première série de programmes, en « prime time », qui s'achève vers 22 h 30 ou 23 heures. C'est alors qu'intervient le moment déterminant pour le sommeil. Soit le téléspectateur décide d'éteindre et d'aller se coucher, soit il préfère poursuivre la soirée avec un nouveau programme. Il n'éteint alors la télévision que vers 1 heure du matin. Les personnes qui n'ont pas besoin de beaucoup de sommeil se satisfont parfaitement bien de cet emploi du temps et sont fraîches et disposes lorsque le réveil sonne. Pour les autres qui dorment en moyenne 7 à 9 heures par nuit, c'est beaucoup plus dur ! Si l'heure du lever est fixée vers 6 ou 7 heures du matin, un coucher tardif entraîne une dette de sommeil de 1 à 2 heures par jour. Au bout de la semaine, cela représente une nuit complète de perdue.

Cette dette de sommeil est notamment nuisible aux enfants et aux adolescents en croissance dont les besoins de sommeil sont particulièrement importants.

Les adultes en activité sont aussi concernés, car ils accumulent une fatigue telle qu'ils sont incapables de se lever pour éteindre et s'endorment devant leur récepteur pour se réveiller quelques heures plus tard avec parfois de grosses difficultés à se rendormir.

Ces désagréments sont faciles à combattre en s'imposant une régularité d'horaires en fonction de son propre tempérament et en éteignant la télévision entre une demi-heure et une heure avant d'aller se coucher y compris si le poste se trouve dans la chambre. Un dormeur moyen qui a besoin de 8 heures de sommeil par jour, doit ainsi s'astreindre à éteindre au plus tard la télévision vers 22 h 30 pour se lever à 7 heures.

On retrouve ici l'importance des horaires fixes de coucher et de lever qui permettent d'optimiser la qualité du sommeil.

Le contenu des programmes de télévision a également un impact sur le sommeil.

Les émissions douces ou les films drôles sont sans aucun doute favorables à un bon sommeil car leur aspect relaxant favorise la rupture avec les événements de la journée. À l'inverse, les films d'angoisse, de violence ou de suspense induisent une tension chez le téléspectateur. C'est bien sûr aussi le cas des matchs de football, des débats politiques ou d'opinions qui génèrent une nervosité qu'il faudra désamorcer avant de pouvoir s'endormir.

En respectant des plages horaires et en faisant le choix des programmes selon le jour de la semaine, la télévision devient une compagne fréquentable.

Et les jeux ?

Les activités physiques, intellectuelles ou la télévision n'ont pas l'apanage de l'impact sur le sommeil. Plus inattendus, les jeux individuels ou collectifs peuvent également peser. Les jeux de patience en solitaire et les réussites favorisent la détente et l'apaisement tandis qu'une partie de tarot ou un poker ont tendance à faire monter l'adrénaline et à se prolonger tard dans la nuit. Plus encore, un tournoi de bridge qui nécessite de gros efforts de concentration, de mémoire et de réflexion, agit comme toutes les stimulations intellectuelles en repoussant l'heure d'endormissement. C'est le cas pour tous ceux qui refont toutes les parties dans leur tête au moment d'éteindre la lumière.

Lorsque les parties collectives s'accompagnent de tabac et d'alcool, l'effet déstructurant sur le rythme veille-sommeil de la semaine est accentué.

Ce qui vaut pour les jeux de cartes s'applique aussi aux autres jeux de société. *Scrabble, Monopoly* ou *Trivial Pursuit,* tous les jeux qui stimulent l'intellect et l'esprit de compétition sont des ennemis du sommeil.

Plus récemment, les jeux vidéo ont lourdement pesé dans la balance de la veille en particulier auprès des moins de 30 ans. On pense aux jeux de sports ou de combats, mais plus encore aux jeux d'aventures partagés en réseaux qui déclenchent de véritables comportements d'addiction. Relativement épargnées par le phénomène, les filles cèdent plus volontiers au plaisir des « chat » sur Internet ou des « texto » sans fin sur leur portable.

Car ces objets de l'univers électronique, que sont les consoles, les télévisions, les téléphones et Internet, sont de très gros consommateurs de temps. En cas de fatigue chronique, de baisse des performances ou de troubles de l'attention, la question du temps passé sur ces nouveaux médias doit attirer l'attention.

Et la lecture ?

Rien de tel que de se mettre au lit avec son journal ou un bon livre pour laisser derrière soi les préoccupations de la journée et céder en douceur au sommeil.

Le seul bémol peut provenir de l'ouvrage lui-même. Passionnant, il risque de vous emmener au bout de la nuit. Deux options s'imposent : vous pouvez décider de lire dans le canapé du salon et de rejoindre votre lit à une heure fixée au préalable. Le constat est valable également pour la télévision qu'il est préférable de laisser dans le salon plutôt que dans la chambre à portée de regard du dormeur.

On ne répétera jamais assez que le respect des horaires fixes de sommeil, aussi bien au moment de se coucher que de se lever, fait partie des règles de base d'une bonne gestion du sommeil.

Le sommeil et la nutrition

Nous en avons tous fait l'expérience, ce que nous mangeons ou buvons influe sur la qualité de notre sommeil et de notre vigilance en état de veille. Un repas trop copieux provoque une somnolence dans la journée et perturbe le sommeil au coucher. Une soirée trop arrosée influe sur notre comportement et est le plus souvent suivie d'une nuit et d'un réveil pénibles, tandis que le café et le thé nous maintiennent éveillés. Ces exemples incitent à penser que certains aliments sont meilleurs que d'autres pour s'assurer un sommeil réparateur.

Des études ont par ailleurs montré récemment qu'il existe des liens très forts entre les troubles du sommeil et la prise de poids ou les troubles métaboliques. Ainsi les personnes qui dorment peu ou mal auraient plus de risques de devenir obèses que les bons dormeurs.

Pendant la nuit nous ne prenons normalement pas de repas, ceci a une influence sur notre équilibre nutritionnel. En effet, si vous sortez de table à 20 heures et que vous prenez votre petit déjeuner à 7 heures le lendemain matin, vous serez resté sans manger pendant onze heures. Le dîner devra donc couvrir les besoins énergétiques pendant cette durée selon votre activité. Il faut donc un dîner suffisamment copieux pour pouvoir assurer une nuit de 7 à 8 heures.

Schématiquement les apports énergétiques quotidiens devraient se répartir à raison de 25 à 30 % le matin au petit déjeuner, 35 à 40 %, lors du repas de midi et 30 à 35 % le soir au dîner.

Quelles sont les grandes familles d'aliments ?

Les aliments se répartissent en trois grandes familles : les protéines, les sucres et les graisses. Les protéines sont les principaux constituants des muscles. On les trouve principalement dans la viande, le poisson, le fromage et les œufs et dans une moindre mesure dans certains légumes. Les protéines apportent environ 425 kcal pour 100 g dans le cas de la caséine de lait.

Les sucres se scindent en deux sortes. Les sucres à assimilation rapide comme le sucre en morceaux et ses dérivés, et les sucres à assimilation lente qui sont apportés par le pain, les pâtes, le riz et les pommes de terre. Rapides ou lents, les deux sortes de sucre ont une valeur calorique d'environ 400 kcal pour 100 g.

La valeur énergétique des sucres est de 400 kcal pour 100 g, qu'ils soient rapides ou lents.

Enfin, les graisses ou lipides, que sont les huiles et le beurre, sont les principaux et de loin les plus énergétiques. Ils apportent environ 920 kcal pour 100 g, soit deux fois plus que les protéines et les sucres. Les graisses qui ne contiennent pas d'eau peuvent être stockées dans de très faibles volumes.

Au-delà des apports énergétiques, une alimentation équilibrée apporte à l'organisme les vitamines et les minéraux dont il a besoin et respecte une juste proportion entre les sucres, les protéines et les graisses.

Les principes de base d'une alimentation équilibrée sont les suivants :

- Les sucres constituent l'essentiel des apports énergétiques, soit 50 à 55 %, en privilégiant les sucres lents comme le pain, les céréales, les féculents, les légumes.

- Les protéines représentent 15 % des apports caloriques. Quotidiennement, nous devrions ingérer 1 g de protéines par kilo de poids, soit 60 g pour une personne pesant 60 kg, soit, un morceau de viande et une portion de poisson.
- Les graisses, loin d'être à bannir de notre alimentation, sont indispensables à la vie. Elles doivent apporter les 30 % restants de calories. Il est préférable de limiter les graisses animales, comme le beurre, la crème fraîche et la charcuterie au profit des graisses végétales, comme les huiles ou certaines margarines.

Il convient de ne pas négliger le calcium à raison de 1 200 à 1 500 mg par jour. Pour information, un litre de lait contient 1 200 mg de calcium, une portion d'emmental 300 mg et un yaourt 200 mg.

Enfin, rappelons que l'équilibre alimentaire passe également par la consommation quotidienne de cinq fruits ou légumes.

Aliments du réveil, aliments du sommeil

Il est intéressant de bien connaître ces principes car les nutriments ont des effets variés sur le sommeil et sur la vigilance.

Les protéines, qui ont tendance à augmenter la température corporelle, ont un effet stimulant. Par conséquent leur digestion va à l'encontre du processus d'endormissement. En revanche, elles sont les bienvenues le matin ou à midi. Nos voisins anglais et allemands l'ont bien compris qui consomment des œufs au bacon ou des saucisses au petit déjeuner. Au déjeuner également les protéines sont les bienvenues, viande ou poisson par exemple, tandis qu'au dîner, elles devront se limiter à une petite portion de poisson ou à un œuf.

À l'inverse, les sucres sont préférables au dîner car ils provoquent un assoupissement rapide et maintiennent un taux de glucides stable. C'est sans doute la raison pour laquelle nous sommes souvent tentés par une boisson sucrée ou un lait chaud avec du miel avant d'aller nous coucher.

Il n'est toutefois pas toujours possible de consommer la majeure partie des apports quotidiens de protéines au déjeuner. C'est notamment le cas des personnes qui déjeunent sur le pouce au travail, dans ce cas, il est nécessaire de compenser les faibles apports en protéines du jour au cours du dîner. Idéalement, le dîner devrait précéder d'au moins 2 à 3 heures l'heure du coucher.

B.a.-ba d'un « bon » dîner

La composition idéale d'un dîner équilibré devrait être la suivante :

- 1 plat de légumes ou un potage
- des protéines (fromage, œuf, poisson, jambon) en quantité modérée
- des féculents (riz, pain, céréales) ou des pâtes
- 1 laitage (yaourt, crème dessert, verre de lait)
- 1 fruit

Ce menu type apporte les 600 à 700 kcal nécessaires pour tenir jusqu'au petit déjeuner, tout en comportant une portion de fruits et légumes et l'indispensable calcium. Le beurre et l'huile qui entrent dans la composition de la cuisine ainsi que les graisses contenues dans les aliments couvrent généralement les besoins en lipides.

Sommeil et boissons

Les boissons (eau, vin, thé, café ou infusion) agissent de façon différente sur la qualité du sommeil. Certaines sont néfastes comme l'alcool, tandis que d'autres présentent un effet bénéfique. Par ailleurs, l'absorption d'une juste quantité de boisson est bien sûr essentielle. Si vous choisissez de limiter l'absorption de liquide avant de vous coucher, la soif risque de vous réveiller, mais si vous choisissez l'option inverse, il y a fort à parier pour que vous soyez dérangé par une envie pressante au cours de la nuit.

Quels sont nos besoins en eau ?

L'eau est le constituant principal du corps humain. Ainsi, le corps d'un adulte est composé à 60 % d'eau. Ce pourcentage est un peu plus élevé chez les hommes que chez les femmes.

En climat tempéré et sans effort physique de forte intensité, la perte d'eau quotidienne totale atteint les 2,5 litres. Il s'agit donc de compenser ce déficit hydrique, par des entrées équivalentes que nous trouvons essentiellement :

- dans l'eau de boisson, à raison d'1,5 litre au minimum ;
- dans les aliments, pour l'équivalent d'1 litre.

La nuit, la respiration et la perspiration sont les seules voies d'élimination de l'eau.

La concentration de l'urine s'accentue pendant la nuit ce qui permet de limiter les réveils nocturnes. Les besoins en eau étant limités la nuit, il n'est pas nécessaire de trop boire sauf en cas de forte chaleur ou de fièvre.

Hormis ces nécessités, il est conseillé de boire un certain temps avant le coucher et de bien sûr penser à aller aux toilettes avant de se coucher.

L'alcool, faux ami du sommeil

Très souvent on pense que l'alcool aide à dormir et pendant longtemps « une petite goutte » était proposée par nos anciens pour mieux dormir. Aujourd'hui encore près de 25 % des insomniaques prennent parfois ou souvent de l'alcool pour dormir.

Il est vrai que sous l'effet de l'alcool une torpeur

favorise l'endormissement mais ce n'est qu'une impression car l'alcool modifie la structure du sommeil et entraîne des réveils nocturnes. Ce sont souvent de multiples mini éveils d'une durée inférieure à une minute mais qui donnent une impression de sommeil non récupérateur. Les cycles sont fragmentés et la durée du sommeil paradoxal est diminuée.

Conséquence fâcheuse de cette nuit fragilisée, la journée qui suit est souvent pénible, ce qui peut inciter à consommer de nouveau de l'alcool le soir suivant. C'est ainsi que débute un cercle vicieux où le manque de sommeil pousse à consommer plus d'alcool qui lui-même détériore les nuits suivantes.

Le café et le thé, les stimulants préférés

Le café fait partie de nos habitudes quotidiennes et est le stimulant préféré des Français. Plus encore, il est tellement ancré dans nos modes de vie qu'il semble difficile voire impossible d'y renoncer. Convivial, il appartient autant au savoir-vivre qu'au simple plaisir.

Les plus grands consommateurs en boivent

tout au long de la journée depuis le petit déjeuner jusqu'au dîner. Il faut dire que la tentation est grande entre les cafés et les restaurants jusqu'aux inévitables machines sur le lieu de travail.

En Europe, le café fait partie du mode de vie et est consommé de manière très fréquente en Europe du nord et en Allemagne mais aussi en Italie (expresso) en France, en Grèce (café frappé). Aux États-Unis, le café moins concentré est présent dans tous les milieux et fait partie du mode d'hydratation. Toutefois, ces quantités ne signifient rien en tant que telles. Comme pour l'alcool, la concentration du café fait la différence et permet de déterminer la quantité totale de caféine ingérée. Le fameux expresso italien est un des cafés les plus forts avec une mouture très fine et très peu d'eau. Aux États-Unis, les volumes d'eau sont plus importants mais le café est peu dosé. Les dérivés du café que sont le cappuccino avec du lait et du chocolat, le café viennois nappé de crème Chantilly ou enfin l'irish-coffee mélangé avec du sucre et du whisky contiennent tous à des degrés plus ou moins importants de la caféine.

La caféine naufrageuse des nuits

La caféine se trouve dans le café, le thé, les colas ainsi que dans des boissons toutes récentes, les « Energy Drinks ». Qu'on ne s'y trompe pas, la théine et la caféine sont les noms différents d'une même molécule qui appartient à la famille des alcaloïdes. La théobromine, qui se trouve dans le chocolat, est une molécule très ressemblante dont les effets sont assez comparables.

La teneur en caféine du café varie selon son origine. Le robusta contient entre 1,6 à 2,5 % de caféine, deux fois plus que l'arabica qui en contient entre 0,8 et 1,5 %.

Quantité de caféine habituellement contenue dans les boissons

Contenu en caféine par tasse de 150 ml	
Café moulu	90 mg
Café instantané	63 mg
Café décaféiné	3 mg
Thé en sachet	42 mg
Thé instantané soluble	32 mg
Cola	16 mg

Le thé contient donc deux fois moins de caféine que le café. Néanmoins ce constat est trompeur car la consommation de thé est généralement plus importante, ce qui revient à une ingestion équivalente de caféine. Par contre l'absorption d'une grande bouteille de cola ne correspond qu'à deux tasses de café.

Entre un quart d'heure et une heure après avoir bu une tasse de café, le café commence à faire effet et ceci pendant au moins 5 à 6 heures. Puis, il est lentement éliminé. Ceci est cependant variable en fonction du sexe, de l'exercice physique, de l'alimentation associée. Douze heures après l'ingestion d'un café, il en reste encore un quart.

Plus on prend de cafés (ou thés) dans la journée, plus il en reste dans la soirée au coucher, même si on s'en rend plus ou moins compte.

Nous avons tous fait l'expérience des différences d'impact de la caféine sur ses consommateurs. Pour les uns, une tasse de café prise trop tard dans l'après-midi suffit à mettre leur nuit en péril, tandis que d'autres peuvent terminer leur dîner par plusieurs cafés sans souffrir d'une nuit agitée. La sensibilité à la caféine varie en effet d'une personne à l'autre.

La caféine réduit la durée de la nuit et agit sur la structure du sommeil en allongeant la durée du sommeil léger ou stade 2, au détriment du sommeil le plus réparateur, le sommeil profond des stades 3 et 4. En revanche, cette molécule ne semble pas avoir d'influence sur le sommeil paradoxal et la durée des rêves, si ce n'est l'accroissement des mouvements nocturnes.

Inversement la caféine a un effet très positif sur l'éveil. Il est recommandé particulièrement pour se maintenir éveillé, en particulier au volant, lors de routes monotones.

Quid des tisanes ?

Le soir, les tisanes sont préférables au thé puisqu'elles ne contiennent pas de théine. Au-delà du plaisir gustatif, les tisanes de tilleul, de camomille ou d'oranger sont censées faciliter le sommeil tandis que d'autres offrent également parfois des vertus digestives. Les tisanes se présentent sous forme de sachet, ou d'herbes en vrac mises en présence d'eau chaude. Il convient toutefois d'être très prudent en utilisant des plantes. Renoncez à les cueillir vous-même ou à les acheter sur Internet et adressez-vous à votre pharmacien en ce qui concerne le choix de nouvelles tisanes pour dormir, car certaines d'entre elles contiennent de puissants principes actifs aux effets toxiques. À tel point qu'il arrive que les agences de sécurité sanitaire retirent de la vente certains produits nocifs.

Enfin limitez l'absorption de liquide le soir pour éviter les réveils intempestifs et ne perdez pas de vue que le pouvoir de concentration de l'urine diminue avec l'âge. Ainsi, à volume de liquide identique, la production d'urine est plus importante l'âge venant.

Le verre de lait ?

Le rituel du verre de lait chaud ou froid avant d'aller se coucher ne saurait être condamnable. Comme tout rituel, il prépare l'esprit à sa mise en sommeil et contribue aux apports de calcium quotidiens recommandés. Par ailleurs, le lait contient du cryptophane, un acide aminé qui se transforme en sérotamine, un neuromédiateur qui facilite le sommeil. Enfin, comme toute boisson chaude, le lait pris avant le coucher contribue à faire baisser la température interne (par échange thermique).

Optimiser son environnement

Si malgré le respect des simples règles d'hygiène de vie que nous venons de passer en revue – régularité des heures de coucher et de lever, activité physique et intellectuelle, alimentation équilibrée et limitation des boissons susceptibles de peser sur la qualité du sommeil –, vous ne parvenez pas à renouer avec un sommeil serein, il serait peut-être judicieux de vous pencher sur les facteurs environnementaux de votre sommeil, comme la lumière de la chambre, sa température, les bruits qui vous entourent et bien sûr la literie que nous aborderons par la suite. Ce sont les principaux régulateurs naturels du sommeil.

Doser la lumière

Même les yeux fermés, nous sommes sensibles aux sources de lumière qui nous environnent. Il est donc recommandé de baisser les éclairages au cours de la soirée, de ne pas s'exposer à des lumières trop élevées (en particulier l'été : ne pas se mettre au soleil après 20 heures) et d'éteindre la lumière au moment du coucher. Ensuite, il faut au maximum favoriser l'obscurité dans la chambre, en fermant les volets et les stores et en doublant les rideaux avec un tissu au pouvoir occultant disposé vers l'extérieur. Ainsi équipés, vos rideaux vous protégeront de la lumière, mais également du froid et des bruits.

Ces techniques d'isolation sont particulièrement recommandées chez ceux qui sont réveillés trop tôt le matin et en particulier au printemps et en été alors que les jours sont longs. En cas d'hypersensibilité à la lumière, le mieux est de se procurer en pharmacie ou dans la grande distribution, un masque anti-lumière (lunettes d'avion) composé de fibres naturelles, coton ou satin que l'on maintient grâce à un large élastique réglable.

Les appareils électriques comme la chaîne hi-fi ou le radio-réveil, avec affichage phosphorescent et permanent de l'heure, constituent des sources de lumière parasite, en particulier chez les personnes qui, souffrant d'insomnie, voient défiler les heures et passent leur nuit à calculer le temps qu'il leur reste à dormir. Il faut donc au mieux les bannir de la chambre.

Le seul bémol à cette recherche du noir absolu dans la chambre concerne les personnes sujettes aux réveils nocturnes, pour qui une petite veilleuse aide à combattre l'anxiété et à éviter les chutes.

À l'inverse, pour ceux qui ont du mal à se réveiller le matin, il est utile de bien stimuler le moment du réveil par une ambiance lumineuse forte. La lumière naturelle étant à cet égard préférable, lorsque la saison s'y prête, il est recommandé de s'y exposer au maximum.

Depuis peu, des stimulateurs d'aube vendus dans le commerce recréent cette venue progressive de la lumière matinale, sur votre table de nuit. Ils peuvent être particulièrement recommandés pour ceux qui ont le réveil pénible.

Fermer la porte au bruit

Le bruit est le premier perturbateur du sommeil, mais nous ne sommes pas égaux face au bruit. Loin s'en faut. Le bruit agit sur le sommeil différemment selon l'âge, le sexe, le profil psychologique du sujet, le stade du sommeil et bien sûr les caractéristiques du bruit lui-même.

Ainsi les femmes, passé 30 ans, tolèrent moins bien le bruit que les hommes, et les personnes âgées semblent plus sensibles au bruit que les adolescents.

Selon sa nature, s'il est intense, aigu, intermittent ou s'il présente des fluctuations importantes ou inaccoutumées, le bruit peut perturber l'endormissement et même réveiller le dormeur. L'Organisation Mondiale de la Santé a préconisé que les bruits de l'environnement dans la chambre ne dépassent pas 45 dB. Le décibel, ou dB, est l'unité de mesure de l'intensité d'un son. L'exposition fréquente ou prolongée à des sons de plus de 90 dB entraîne une perte auditive importante.

Or, dans notre environnement, les sources de nuisance sonore sont nombreuses en particulier en ville où les voitures, les motos, les camions de ramassage des ordures ou de livraisons se succèdent les uns les autres et dépassent fréquemment les 45 dB.

À citer également, la proximité d'une voie ferrée, d'une rocade, d'une artère passante, d'une discothèque ou d'un aéroport.

Des expériences menées chez des riverains d'un aéroport ont démontré que le décollage d'un avion accélère le rythme cardiaque des dormeurs d'une manière inhabituelle, comme si le bruit était perçu inconsciemment et ce, même en l'absence d'un éveil complet.

Les riverains des grands aéroports se plaignent deux fois plus d'insomnie que les habitants d'autres régions.

En effet, un bruit même léger est capable de provoquer un microréveil de 3 à 15 secondes, trop court pour être mémorisé, mais suffisant pour fragmenter le sommeil à l'insu du dormeur.

Même parfaitement inconscients des stimulations sonores qui nous entourent, les tracés d'enregistrement polysomnographiques du sommeil font apparaître des variations minimes de notre sommeil, ainsi que des variations de fréquence cardiaque ou de la tension artérielle, une accélération du rythme respiratoire, des mouvements corporels, des changements de stades de sommeil.

Si vous vous endormez la télé allumée, essayez de changer d'habitude car une fois endormi le son devient une nuisance pour la qualité du sommeil, même inconsciemment.

Mais les bruits proviennent souvent de votre propre environnement et en particulier des voisins, de ses proches et de la télévision. Or, si on a conscience du bruit que provoquent les autres, on est souvent plus indulgent ou en tout cas plus « sourd » à nos propres émissions sonores. La bonne entente avec l'entourage commence par un respect des autres. C'est à chacun d'entre nous de choisir des appareils électroménagers silencieux, d'éviter de les utiliser à des moments inopportuns, de limiter le volume sonore de la chaîne, de la télévision et du téléphone, d'éviter de faire claquer les portes, de poser un tapis dans l'entrée et les couloirs et d'équiper les pieds de chaises de patins en feutre.

Le constat est donc simple, il est recommandé d'isoler la chambre des sources de bruits difficilement évitables.

Commencez par les volets, les rideaux, les joints d'étanchéité, la pose de vitrage épais voire de doubles vitrages.

Utilisez également en cas de bruits importants des protections individuelles, type bouchons d'oreilles. Il en existe de plusieurs types qui diffèrent par leur longueur, leur matériau et leur diamètre. Les bouchons en caoutchouc étanche, ou bouchons d'eau, conçus pour la natation, isolent peu du bruit. Les meilleurs isolants auditifs sont les bouchons de cire, hypoallergéniques, faits d'un mélange de cires naturelles et de coton, et les bouchons en mousse de polyuréthane. Les premiers atténuent le bruit d'environ 27 dB et les seconds entre – 25 et – 35 dB en moyenne selon les marques. Ces bouchons de mousse sont lavables et réutilisables.

La prise en compte du bruit est aussi psychologique. Combien de personnes s'énervent pour un bruit minime et familier ? Si le bruit du réfrigérateur vous énerve, plutôt que vous tendre, essayez de le considérer comme un ami, recherchez une association positive et ainsi cela pourra même devenir indispensable à votre sommeil.

Température et hygrométrie pour une bonne nuit

La température joue un rôle considérable dans le déroulement de la nuit et l'équilibre de notre horloge biologique. Lorsqu'il fait trop chaud ou trop froid, les réveils nocturnes se multiplient, le temps de sommeil paradoxal se réduit, le sommeil est agité et considérablement réduit car les éveils sont nombreux.

Au cours de la journée, la température de notre corps varie selon un rythme circadien. De 37-37,5 °C dans l'après-midi, elle baisse progressivement en fin de journée, puis diminue durant les premières heures du sommeil, tout comme la consommation d'oxygène ou le rythme cardiaque. Dans le cadre de nuits normales d'une durée de 8 heures, la température s'abaisse jusqu'à 36-36,5 °C, vers 5 heures du matin, ce qui coïncide avec une baisse de vigilance. Le matin, la température remonte doucement, pour nous préparer au réveil.

Ainsi pour nous endormir facilement, la température de notre corps doit diminuer légèrement. De même, l'exercice physique intense en fin de soirée aura un impact négatif sur le sommeil en provoquant l'augmentation de la température du corps, et un bain trop chaud, malgré son effet relaxant, ralentit l'endormissement. Préférez-lui une douche tiède ou fraîche en particulier en été et essayez autant que possible de maintenir la température de chambre dans une fourchette comprise entre 18 et 20 °C.

À l'inverse, le matin il faut faire remonter la température pour faciliter le réveil. Adeptes des douches froides, préférez une eau plus chaude et quelques mouvements de gymnastique ou des étirements qui pourront également ritualiser le moment du réveil.

L'altitude nuit au sommeil des skieurs

De nombreuses personnes souffrent de troubles du sommeil à partir de 2 000 mètres d'altitude et au-delà de 4 000 mètres, seules les personnes acclimatées ne sont pas concernées par ces troubles. En effet, la diminution de la quantité d'oxygène contenue dans le sang et la pression atmosphérique sont à l'origine d'une fragmentation du sommeil due à l'installation d'une respiration périodique. Aussi, ceux qui voudraient profiter d'un court séjour à la montagne pour se reposer, se trouvent perturbés par un sommeil agité avec parfois une vraie insomnie.

Cette insomnie induit une multiplicité des éveils, une réduction du sommeil paradoxal et de façon générale une diminution de l'efficacité réparatrice du sommeil, car les stades 3 et 4 du sommeil lent profond diminuent voire disparaissent. L'intensité de ces symptômes varie proportionnellement à l'altitude.

En plus du manque d'oxygène, d'autres facteurs comme le froid, l'inconfort et l'anxiété sont susceptibles d'accentuer la déstructuration du sommeil.

Régularité des horaires : la clef du sommeil

Pour préparer le sommeil, rien ne vaut le respect de certains usages réguliers et répétitifs. Ainsi, une demi-heure avant le coucher, installez-vous dans une ambiance relaxante qui favorisera votre apaisement et vous évitera de repasser les événements de la journée au moment du coucher.

Établissez ensuite quelques rituels d'endormissement comme se mettre en pyjama, se laver les dents, boire un verre d'eau, lire… qui permettront à votre inconscient de se préparer au sommeil.

Le lit est avant tout le lieu du repos. Il convient donc de limiter son usage au sommeil et d'éviter d'y lire ou regarder la télévision. Guettez les premiers signaux de la somnolence – tête lourde, manque d'attention, yeux qui piquent, bâillements, sensation de froid, difficulté d'accommodation de la vision – et allez vous glisser dans les draps.

Il n'est pas toujours facile de respecter ce principe de régularité, mais il est pourtant indispensable pour apprivoiser le sommeil et organiser le rythme veille-sommeil.

Une fois votre propre rythme établi en fonction de vos besoins et des signaux énumérés plus haut, prenez l'habitude de vous coucher et de vous lever chaque jour à la même heure, y compris le week-end et ce, même si vous avez passé une mauvaise nuit la veille.

La régularité du coucher devant être fixée en fonction des horaires de nos repas, il s'agit en réalité d'instaurer un rythme de vie régulier, pour synchroniser notre horloge biologique.

Si malgré cela vous ne parvenez pas à vous endormir attendez 10 à 20 minutes sans sommeil, levez-vous et changez de pièce pour aller lire dans le silence en attendant le prochain train du sommeil.

Le matin, de la même façon, les rituels faciliteront le réveil. Il peut s'agir d'un simple café ou de mouvements de gymnastique, mais l'élément le plus efficace pour marquer l'entrée dans la journée reste l'exposition à la lumière du jour.

Une position idéale ?

En chien de fusil, sur le ventre, en position fœtale ou sur le côté, peu importe. Le plus souvent on prend pour s'endormir la position la plus rassurante par rapport à l'environnement. Les confiants s'endorment sur le dos les mains sous la nuque. Les anxieux se replient sur eux-même les mains coincées sous l'oreiller. Mais en dehors de ce cas précis, chacun choisit la position qui lui convient le mieux. D'ailleurs, la plupart d'entre nous changent de position plusieurs fois pendant la nuit sans s'en rendre compte

Chez les insomniaques, on recommande parfois de dissocier les deux parties du corps pour éviter de se tendre et de se concentrer sur ses problèmes. Ainsi votre jambe et votre bras droits seront étendus et les gauches repliés (ou inversement)..

La literie

Nous passons 200 000 heures en moyenne dans notre lit, soit un tiers de notre vie. Il est bien naturel d'accorder à notre couchage toute l'attention qu'il mérite.

Cependant la literie n'est pas indispensable à un bon sommeil. À travers le monde des millions de personnes dorment bien dans des conditions précaires, alors que certaines ne parviennent pas à trouver le sommeil sur les meilleurs matelas. Voici quelques conseils pour vous aider.

Bien choisir son lit

Certes, lorsque nous sommes épuisés, nous pouvons nous endormir dans n'importe quelle circonstance. Avachi sur un fauteuil, recroquevillé sur une banquette de train ou malgré les cahots d'une voiture sur une route de campagne, nous dormons du sommeil du juste assuré d'un réveil perclus de courbatures. Mais lorsqu'il s'agit de choisir, alors il n'existe pas de règles. Les uns succombent au charme d'un lit profond et moelleux, tandis que les autres ne sauraient fermer l'œil ailleurs que sur un lit extra-ferme. Le critère de choix le plus important est le confort de la colonne vertébrale. De façon générale, il est préférable d'éviter les lits trop mous qui peuvent avoir alors des effets néfastes sur la colonne vertébrale. Il est conseillé de prendre un matelas plus ferme. Certaines personnes qui souffrent du dos peuvent placer une planche rigide entre leur sommier et leur matelas.

Les différents types de matelas

- **Matelas à ressort.** Comme leur nom l'indique, l'efficacité du soutien est indissociable du nombre de ressorts présents dans le matelas. Les matelas à ressorts favorisent le mouvement. Ils sont plus aérés et leur durée de vie est par conséquent supérieure à celle d'un matelas mousse d'une gamme équivalente.

- **Matelas mousse.** Il n'existe pas une mais plusieurs mousses desquelles dépend la qualité de soutien du matelas. Qu'il s'agisse de latex, de polyuréthane ou de polyester, son épaisseur et sa structure – monobloc, alvéolée, soutien anatomique – sont également susceptibles de modifier le soutien. Sachez que le latex assure la fermeté la plus importante devant le polyuréthane et le polyester. Côté confort, une suspension en mousse est enveloppante et conserve mieux la chaleur.

- **Matelas à eau.** Le « waterbed » épouse la forme du corps et non l'inverse. Il procure un soutien doux qui allège les pressions dans toutes les positions. Du fait de son matériau principal, il ne change pas de forme et offre donc une durée de vie remarquable.
  Il peut être équipé d'un système de chauffage

intégré permettant de régler la température, et d'un système de massage de détente.

- **Matelas futon.** Cette literie japonaise est composée de couches de coton cardé, associées éventuellement à du latex et du coco. Ferme, il est adapté aux habitations traditionnelles du Japon dans lesquelles les tatamis en dalles de paille de riz recouvertes d'une natte de jonc font florès. En Occident, le futon peut facilement s'adapter à un sommier classique, mais sa durée de vie ne saurait excéder cinq à dix ans.

Et le sommier

Le sommier est au choix, mi-ferme, ferme, très ferme ou réglable. Il est le support idéal pour le matelas et joue un rôle d'amortisseur. Le sommier est soit construit avec des lattes de bois, soit avec des ressorts. Le premier assure un maintien plan du matelas et garantit une longévité telle que son renouvellement n'est pas forcément nécessaire lors de l'acquisition d'un nouveau matelas. Le sommier à ressorts, lui, est inadapté aux matelas en mousse. Mieux vaut l'associer à un matelas à ressorts, mais il sera nécessaire de renouveler l'ensemble à chaque fois.

L'indépendance de couchage

La question de l'indépendance du couchage est cruciale pour que les dormeurs qui partagent le même lit puissent profiter d'un sommeil reposant. En effet, à y regarder de plus près, les nuits ne sont pas de tout repos. En moyenne, nous changeons une quarantaine de fois de position par nuit. Certaines suspensions permettent de bouger en n'agissant que sur une moitié du couchage sans modifier celle du voisin, mais une façon vraiment efficace de garder une indépendance de couchage maximale est d'utiliser deux matelas jumeaux. Cependant, rien n'est plus incertain car il est très possible que vous glissiez la nuit d'un matelas à l'autre.

Oreiller et traversin

Il y a des aficionados qui ne peuvent envisager de dormir sans oreiller, mais pourtant l'oreiller tout comme le traversin ne sont pas indispensables pour dormir. Pire encore, ils peuvent être à l'origine d'une mauvaise position entraînant une torsion du cou, embryon du douloureux torticolis.

Si toutefois vous cédez à l'usage, sachez qu'il existe des oreillers ergonomiques dont la forme anatomique maintient la nuque et les cervicales.

Couette et couverture

C'est là une simple question de goût, d'habitude et de commodité. L'objectif est de garder une liberté de mouvements suffisante et une température adéquate.

Chapitre 6

FAITES LA SIESTE !

•

Nous sommes nombreux à connaître ce petit « coup de pompe » qui nous saisit après le déjeuner et nous incite à une douce somnolence. Même si nous ne ressentons pas vraiment le besoin de dormir, entre 13 et 16 heures, notre énergie a tendance à baisser et ce, sans que la prise de nourriture entre en considération. En effet, nous n'avons jamais envie de dormir après le petit déjeuner et rarement après le dîner. D'ailleurs une expérience très simple suffit à faire la preuve de la dissociation entre le repas et le sommeil. Il s'agit de demander à quelqu'un de se coucher toutes les deux heures dans la journée, il arrive rarement à s'endormir le matin entre 8 heures et midi ou l'après-midi entre 16 heures et 20 heures. En revanche, il plongera facilement dans le sommeil entre 14 et 16 heures ou à partir de 22 heures.

Alors pourquoi ce passage à vide du début d'après-midi ? En réalité cette période correspond à peu près à la moitié de la période d'éveil pour une journée qui commencerait à 7 heures le matin pour se terminer à 23 heures le soir.

Notre horloge biologique semble ainsi réglée sur un double rythme d'entrée dans le sommeil :

- la nuit avec un pic de somnolence entre 2 heures et 5 heures du matin ;
- l'après-midi entre 13 heures et 15 heures.

Pourquoi un tel besoin ?

L'envie de dormir dans la journée est fortement corrélée à la qualité et à la durée de la nuit. Plus la dette de sommeil est importante, plus le besoin de sieste se fait sentir et inversement. Dans les pays où la sieste est culturelle, les rythmes de vie sont différents. Ainsi, en Espagne et dans beaucoup de pays au climat chaud en Afrique et en Amérique du Sud, où l'on se couche tard pour se lever assez tôt, la sieste est indispensable en début d'après-midi. À l'inverse, dans bien des pays d'Europe du Nord où la journée de travail s'achève vers 17 heures, nul ne pratique la sieste. On se couche tôt et on se lève tôt.

Ensuite à titre personnel, il arrive que certains adoptent la sieste dans leur propre rythme de vie. C'était le cas de Napoléon, qui ne dormait que cinq heures par nuit, mais s'accordait une vraie longue sieste tous les après-midi. Léonard de Vinci aussi pratiquait une courte sieste toutes les 3 heures.

La sieste idéale

Cela dépend de notre fatigue ou du déficit de sommeil. On peut dire de façon générale qu'une sieste de 10 à 20 minutes semble la durée idéale. Au-delà, il y a un risque de rentrer dans le sommeil profond, et d'avoir beaucoup de mal à se réveiller.

Il n'est d'ailleurs pas obligatoire de s'endormir vraiment. On peut également se contenter de se relaxer ou simplement rester au calme, en silence ou avec une musique apaisante, l'essentiel étant de se reposer. On peut aussi conseiller de mettre des lunettes d'avion en tissu et de se laisser aller à la détente tout en se faisant réveiller 20 minutes après. Astuce : pour vous réveiller pourquoi ne pas brancher le réveil de votre téléphone portable sur 20 minutes après. Cela vous évitera de regarder votre montre.

Le somme

La tentation de la longue sieste est bien légitime, mais si elle a un effet réparateur, elle a aussi un effet pervers puisqu'elle décale d'autant l'heure de survenue du sommeil le soir.

Si le manque de sommeil est vraiment trop important, on peut alors envisager de prolonger la sieste jusqu'à 90 minutes, ce qui correspond à un cycle complet de sommeil. À recommander en particulier pour les travailleurs de nuit.

Si vous prévoyez de veiller tard ou de prendre la route de nuit, la sieste est une bonne stratégie. Dans ce cas il ne s'agit pas de rattraper le sommeil perdu mais d'anticiper sur le sommeil que l'on va perdre.

Mais attention au risque de décalage horaire qui va oblitérer la nuit à venir.

Par exemple, de nombreuses personnes vont faire une sieste prolongée le dimanche après-midi, qui décale d'autant l'heure du coucher, tandis que le réveil sonne à l'heure dite le lundi matin. Rien de pire que de commencer la semaine fatigué pour avoir voulu profiter d'une bonne sieste dominicale !

La sieste « flash »

On parle de sieste « flash » pour décrire une sieste de durée ultra-brève. Cette sieste est particulièrement adaptée aux personnes très actives dont l'emploi du temps est serré. Il s'agit d'une sieste inférieure à 5 minutes. On peut la pratiquer au bureau, dans une salle d'attente, dans le train, l'avion, le taxi, le métro, le bus, couché ou assis voire debout.

Les yeux fermés dans une position confortable, il faut faire le vide dans sa tête, les jambes et les bras sont décroisés, la respiration lente et paisible, les muscles relâchés. Avec de l'entraînement, il est possible de s'endormir en sommeil léger et se réveiller au bout de quelques minutes, en pleine forme. Cette microsieste peut être renouvelée plusieurs fois dans la journée, et a une réelle efficacité sur la sensation de fatigue et de stress.

Ce type de sieste est souvent réalisé par des sportifs de haut niveau avant la performance ou par des artistes comme Salvador Dali qui veulent rester éveillés une grande partie de la journée. Contrairement à la sieste idéale ou au somme, la sieste flash ne comprend en général par de sommeil récupérateur : sommeil lent profond ou sommeil paradoxal.

ANNEXES

POUR EN SAVOIR PLUS

•

Vous trouverez la liste des centres de diagnostic et de traitement des troubles du sommeil agréés en France, dans la rubrique « Les troubles du sommeil » de l'Institut du sommeil et de la vigilance (ISV) :

http://www.institut-sommeil-vigilance.com

Également sur les sites de :

La Société française de recherche sur le sommeil (SFRS)

http://sommeil.univ-lyon1.fr/SFRS/index.html

POUR EN SAVOIR PLUS

LES CENTRES DU SOMMEIL

Service des maladies respiratoires – Secteur respiration sommeil
Centre hospitalier général d'Aix-en-Provence
13616 Aix-en-Provence
04 42 33 51 63

Laboratoire du sommeil
Fondation du Bon Sauveur d'Albi
81003 Albi Cedex
05 63 54 21 48

Unité du sommeil du Centre hospitalier intercommunal Annemasse-Bonneville
74107 Annemasse-Ambilly
04 50 87 40 27

Clinique du sommeil
Hôpital Pellegrin CHU Bordeaux
33076 Bordeaux
05 56 79 56 79

Centre du sommeil
Polyclinique du Tondu
33082 Bordeaux Cedex
05 56 00 26 26

Unité de sommeil de l'Hôpital de Belfort
Centre hospitalier de Belfort-Montbéliard
Site de Belfort
90016 Belfort Cedex

Pathologies et explorations du sommeil
Centre hospitalier de Belfort-Montbéliard
C.H.I.C. Belfort-Montbéliard
25209 Montbéliard Cedex
03 81 91 61 71

Service d'explorations fonctionnelles multidisciplinaires
Hôpital Ambroise-Paré
92104 Boulogne Cedex
01 49 09 57 14

Service d'explorations fonctionnelles neurologiques
Hôpital Morvan
29285 Brest Cedex
02 98 22 33 33

Laboratoire d'EEG et de sommeil de la clinique Saint-Rémy
71100 Chalon-sur-Saône
03 85 92 38 00

Laboratoire d'exploration du sommeil
Hôpital Antoine-Béclère
92141 Clamart Cedex
01 45 37 46 40

Service E.E.G. Explorations fonctionnelles du système nerveux
CHU de Clermont-Ferrand
63003 Clermont-Ferrand
04 73 31 60 36

Fédération des explorations des pathologies de la veille et du sommeil
Centre hospitalier de Compiègne
60321 Compiègne
03 44 23 65 49

Service d'explorations fonctionnelles
Hôpital Henri-Mondor
94010 Créteil
01 49 81 26 96

Laboratoire d'exploration du système nerveux
Hôpital général
21000 Dijon
03 80 29 37 53

Laboratoire de sommeil du CHS La Chartreuse
21000 Dijon
03 80 42 49 66

Service de réanimation médicale
Hôpital Raymond-Poincaré
92380 Garches
01 47 10 77 81

Laboratoire de neurophysiologie
Pavillon de neurologie
Hôpital Albert-Michallon
38043 Grenoble
04 76 76 55 18

Service de
broncho-pneumologie
Centre hospitalier général
de Laval
53015 Laval
02 43 66 50 00

Unité des troubles de la
veille et du sommeil
Centre hospitalier régional
59037 Lille
03 20 44 59 62

Centre d'étude régionale du
sommeil
CHU Dupuytren
87042 Limoges
05 55 05 61 23

Unité d'hypnologie
Service de neurologie
fonctionnelle
et d'épileptologie
Hôpital neurologique
69934 Lyon
04 72 35 79 00

Centre Saint-Paul
13009 Marseille
04 91 17 07 50
Centre du sommeil AP-HM
Centre hospitalier et
universitaire La Timone
13385 Marseille
04 91 38 58 33

Unité de sommeil
Centre hospitalier de
Montluçon
03100 Montluçon
04 70 02 30 90

Service de neurologie B
Hôpital Gui de Chauliac
34295 Montpellier
04 67 33 72 40

Centre du sommeil
Hôpital Laënnec
44093 Nantes
02 40 16 54 87

Fédération du sommeil
06002 Nice
04 92 03 85 93

Unité d'exploration du sommeil
Clinique Centre hospitalier
79021 Niort
05 49 32 77 67

Centre du sommeil
Hôtel-Dieu de Paris
75004 Paris
01 42 34 82 49

Unité sommeil
Hôpital Lariboisière
75010 Paris
01 49 95 80 76

Fédération des pathologies du sommeil
Groupe hospitalier Pitié-Salpêtrière
75013 Paris
01 42 17 69 04

U.T.S.V.E.
Centre hospitalier de Pau
64046 Pau
05 59 92 49 73

Unité du sommeil
Centre hospitalier Lyon-Sud
69310 Pierre-Bénite
04 78 86 17 89

Service de neurophysiologie clinique
CHU de Poitiers
86000 Poitiers
05 49 44 43 87

Unités d'explorations veille-sommeil
Service de psychiatrie générale
68250 Rouffach
03 89 78 71 43

Unité exploration de la pathologie du sommeil
CHU de Rouen
76000 Rouen
02 35 08 83 83

Unité de pathologie du sommeil
Hôpitaux universitaires de Strasbourg
67097 Strasbourg
03 88 11 63 12

Centre de sommeil de la clinique Sainte-Barbe
67083 Strasbourg
03 88 21 70 00

Service d'explorations fonctionnelles du système nerveux
CHU Rangueil
31054 Toulouse

Centre d'explorations du sommeil
CH Intercommunal Toulon
Hôpital Font-Pré
83056 Toulon
04 94 61 60 66

Centre de sommeil
CHU Tours
Hôpital Bretonneau
37044 Tours
02 47 47 37 23

INDEX

CE LIVRE VOUS A ÉTÉ UTILE ?

Dans la même collection, chez First.

LES TITRES SANTÉ

- J'ai du cholestérol
- J'ai du diabète
- Migraines et maux de tête
- Bien dormir, enfin !

À paraître

- J'ai mal au dos
- J'ai mal au ventre

LES TITRES CUISINE / SANTÉ

- Recettes minceur tome 4
- Salades minceur
- Recettes pour bébé
- Recettes pour diabétiques
- Recettes Oméga 3
- Recettes vapeur & minceur
- Menus minceur
- Minceur 2006
- Recettes minceur Épices et Aromates
- Menus Minceur, tome 2
- Recettes anti-âge
- Recettes anti-cholestérol

- Tout cru !
- Soupes, santé et minceur
- Menus pour futures mamans
- Desserts minceur
- Recettes minceur d'ici et d'ailleurs
- Les meilleures recettes du régime crétois
- Recettes à faible IG

Pour être informé en permanence sur notre catalogue et les dernières nouveautés publiées dans cette collection, consultez notre site Internet à www.efirst.com

Les informations fournies dans cet ouvrage de référence ne remplacent en aucun cas les conseils ou le traitement d'un médecin traitant. Elles vous aideront simplement à faire des choix éclairés.

Parce que chaque individu est unique, il appartient au médecin d'effectuer un diagnostic et de superviser les traitements pour chaque problème de santé.

Si un individu suivi par un médecin reçoit des conseils contraires aux informations fournies dans cet ouvrage de référence, les conseils du médecin devront être respectés, car ils se basent sur les caractéristiques uniques de cet individu.